TALENT ÉDITIONS
115 rue de l'Abbé Groult, 75015 Paris

Photographie couverture : © Agence HOP / Mazen Abusrour
Photos intérieures : © AFP © Icon Sport © Alamy © Adobe Stock © W9

Illustrations : Érik Tartais
Graphisme, couverture et maquette : Trémas (Fanny Druïlle)

ISBN : 978-2-37815-311-3

Talent Éditions

Marseille

PLUS QU'UNE VILLE, UN PAYS

Paga

En collaboration avec Thibaut Geffrotin
Illustrations d'Erik Tartrais

SUIVEZ PAGA DANS SON MARSEILLE !

SOMMAIRE

PAGA

INTRODUCTION

Marseille et moi

JE SUIS NÉ LE 19 JANVIER 1988 À L'HEURE DE L'APÉRO, À DEUX PAS DU VIEUX-PORT.

J'ai poussé mes premiers cris à la clinique Bouchard, dans le VIe arrondissement de Marseille. Une clinique très réputée, située en haut de la rue de la République.

Je suis d'origine italienne, à la fois du côté de mon père et de ma mère. Quelques racines tunisiennes chez ma mère et corses chez mon père. Mes deux parents sont toutefois natifs de Marseille. Mon papa a grandi dans le quartier Saint-Gabriel. Ma maman a été élevée dans la fameux quartier du Panier, rue Jean-Galland. On ne peut pas trouver mieux que le Panier. Cet endroit représente Marseille.

De mon côté, j'ai grandi dans un appartement boulevard National. Ensuite, nous avons déménagé boulevard Baille, un autre quartier de Marseille.

Je suis fils unique. J'ai toujours voulu avoir des frères et sœurs mais c'était impossible.

Ma mère dit que je suis un don de Dieu. Elle souhaitait avoir deux enfants. Avant moi, elle a eu le malheur de perdre un bébé à l'âge de quatre mois puis un autre à l'âge de sept mois. Je n'aurais pas dû exister.

J'AI TOUJOURS BEAUCOUP BOUGÉ.

Classes vertes, maisons des jeunes, colonies de vacances, déplacements avec les clubs de judo. Cela m'a rendu atypique et m'a aidé à devenir qui je suis. La sociabilité est une part importante de ma réussite. J'adore les gens. Je suis curieux de la façon dont vivent les personnes que je rencontre, ce qui les fait avancer, ce qui les passionne. Le Paga de W9, ce n'est pas un personnage, c'est moi. Je suis le même dans la vie de tous les jours. Sans filtre. Nature-peinture.

–

J'ai baigné dans Marseille, tout au long de ma jeunesse.

–

À l'école, j'étais considéré comme un élève perturbateur. Mon père a toujours cru que je chahutais en cours mais en réalité, j'étais hyperactif. Je m'en rends compte aujourd'hui. **J'ai toujours eu besoin de parler, de m'agiter.** C'est en moi. J'ai eu cette discussion avec mon père récemment. Il a compris que j'étais incapable de rester assis sur une chaise pendant une heure sans bouger. Beaucoup d'enfants sont comme moi.

QUAND JE ME REPLONGE DANS MES SOUVENIRS D'ENFANT, JE ME REVOIS MARCHER SUR LA CANEBIÈRE, SUR LE VIEUX-PORT, VISITER NOTRE-DAME DE LA GARDE, ALLER À LA FÊTE FORAINE OU AU PARC D'ATTRACTIONS POUR ENFANT « OK CORRAL », AVEC DES COW-BOYS ET DES INDIENS. IL EXISTE ENCORE, C'EST À CUGES-LES-PINS. EMMENEZ-Y VOS ENFANTS !

Et surtout, le stade Vélodrome. Mon père m'y a emmené très jeune, dès l'âge de six ans. C'était un an et demi après la victoire en coupe d'Europe, et l'OM jouait alors en Division 2. Je n'oublierai jamais mes premiers émois de supporter de l'OM, dans ces travées mythiques. C'était encore l'ancien Vélodrome, avant qu'il ne soit rénové pour la Coupe du monde 98. Je me revois dans la tribune, alors qu'un corner doit être tiré par un joueur marseillais. Dans ma tête, je me dis : « Si je bois mon Coca entièrement, l'OM va marquer ! » J'ai terminé ma boisson et Marcel Dib a cassé la cage d'une tête rageuse. Stade en ébullition. **BUT ! Cette scène est gravée dans ma mémoire, à jamais.** C'est l'un de mes souvenirs d'enfance les plus précis.

NOTRE SANG COULE EN BLEU ET BLANC.

J'ALLAIS SOUVENT AU VÉL' CAR MON PÈRE Y ÉTAIT ABONNÉ. TRIBUNE JEAN-BOUIN.À CE PROPOS, LAISSEZ-MOI VOUS FAIRE UNE CONFIDENCE. QUAND ON NAÎT MARSEILLAIS, ON N'A PAS SEULEMENT L'AUTOMATISME DE MARCHER OU DE PARLER. ON A L'AUTOMATISME D'ÊTRE UN FERVENT MARSEILLAIS, D'AIMER L'OM DE TOUT SON CŒUR, QUOI QU'IL PUISSE ARRIVER. C'EST EN NOUS. JE NE CONNAIS AUCUN ENFANT NÉ À MARSEILLE D'UNE FAMILLE DE MARSEILLAIS QUI SUPPORTE L'AS MONACO, LE PSG, L'OLYMPIQUE LYONNAIS OU UN QUELCONQUE AUTRE CLUB. CELA N'EXISTE PAS. JE SUIS SÉRIEUX ! C'EST IMPOSSIBLE. CAR CHAQUE FAMILLE SUIT AU MOINS UN MINIMUM LE FOOTBALL À LA MAISON. VOUS ALLEZ DIRE QUE J'EXAGÈRE SI J'ÉCRIS QUE 100 % DES MARSEILLAIS AIMENT LE FOOTBALL. ALORS JE ME CONTENTERAI DE... 98 %. FACILE ! IL EST ÉCRIT DANS NOS GÈNES QUE NOUS SERONS DES PASSIONNÉS. JE DIRAIS MÊME PLUS, DES FANATIQUES DE L'OM.

Tout petit, je portais le maillot de l'OM. Ma première tunique ? Le Panasonic, floqué au nom de Jean-Pierre Papin.

Je collectionnais les écharpes de mon club. Mes joues étaient peinturlurées de bleu et blanc.

Quand j'ai eu sept ans, nous sommes allés vivre à Peypin, un petit village près d'Aubagne. À côté de Ladestrousse, Auriol, Cadolive... À ce moment-là, j'ai demandé à mes parents une chambre aux couleurs de l'OM. Jusqu'à ce que je quitte le nid familial, à dix-neuf ans, j'ai dormi dans une chambre olympienne : le tableau de la victoire de 1993, la tapisserie en bleu et blanc, des écharpes, l'inscription « Allez l'OM », des nounours de l'OM en veux-tu en voilà, le poster de la tête de Boli face au Milan... Je me souviens de ma première présentation sur W9 pour l'émission *Les Marseillais*, les caméras étaient venues me filmer dans ma chambre.

QUAND J'ÉTAIS ADO, MON PÈRE M'A FAIT CONNAÎTRE PATRICK BOSSO, L'HUMORISTE MARSEILLAIS. JE SUIS TOMBÉ AMOUREUX DE SES ONE-MAN-SHOWS EN DÉCOUVRANT SON SKETCH AU STADE VÉLODROME, QUAND IL FAISAIT CROIRE QU'IL ÉTAIT LE CHIEN DE JEAN-CLAUDE GAUDIN. HILARANT ! ALLEZ VOIR LA VIDÉO SUR YOUTUBE SI VOUS NE LA CONNAISSEZ PAS.

DES PREUVES QUE JE SUIS MARSEILLAIS ? C'EST UNE BLAGUE, NON ?

À seize ans, je me suis abonné au Stade Vélodrome, afin de vivre pleinement ma passion. Je vibrais lors de chaque match, debout dans le Virage Nord, dans la tribune des Yankee, Fanatics et MTP. Je partais aussi en déplacement : Bordeaux, Nice, Monaco, Saint-Étienne... Depuis, le groupe des Yankee a été dissous.

Je suis un vrai passionné de l'OM,

du genre à taper des crises quand on prend un but, à casser des télés quand on perd un match. Quand l'OM perd contre Paris, je pleure. Désormais, je profite de ma notoriété pour avoir une loge au Vélodrome, mais attention, je suis un fanatique. Je n'ai jamais lâché. **Je ne rate jamais la moindre minute d'un match.** Organisez-moi une réunion pendant une rencontre de l'OM et vous me verrez l'œil vissé sur mon téléphone pour suivre la moindre action. Je me sens incapable de louper l'OM.

En revanche, mon enfance n'a pas été marquée par de beaux week-ends de football. Mon père refusait que je m'inscrive dans un club. Il préférait m'inculquer les valeurs du judo, un sport que j'ai commencé dès l'âge de trois ans, en Baby Judo. **Je suis ceinture noire.** J'avais intégré le pôle France Marseille de Bougainville. Je me voyais déjà rencontrer le succès sur les tatamis. On me surnommait « La Crevette », car j'étais très difficile à battre au sol. Le judo et le football sont les deux opposés. Les arts martiaux, c'est le respect, un code moral. De l'autre côté, le football est un sport où on s'emboucane sur le terrain, il peut y avoir des bagarres.

Mon père avait conscience que je rêvais de jouer au football, d'évoluer dans l'ambiance d'un vestiaire, mais il m'a tenu tête. Il voulait que je me concentre sur le sport que je maîtrisais le mieux, à savoir le judo. Cela m'a terriblement manqué. Jouer dans la cour de l'école, ce n'est pas pareil. On n'avait que des ballons en mousse. J'ai l'impression d'être passé à côté de quelque chose.

J'ai fini par m'inscrire au football à 18 ans à l'Entente Destrousse Bouilladisse. Je jouais avec mes collègues, on avait terminé à la deuxième place du championnat, c'était drôle. Je jouais au poste de défenseur latéral gauche (comme Éric di Meco !).

LA MUSIQUE EST ÉVIDEMMENT UN ASPECT IMPORTANT DE MA VIE.

UNE VRAIE PASSION. J'AI IMAGINÉ MES PREMIÈRES COMPOSITIONS AVEC UN LOGICIEL, REASON, À L'ÉPOQUE DE MES PREMIÈRES SORTIES EN BOÎTE DE NUIT, VERS DIX-HUIT, DIX-NEUF ANS. JE FRÉQUENTAIS LES BOÎTES GAYS POUR DEUX RAISONS : C'ÉTAIT LE SEUL ENDROIT POUR ÉCOUTER DE LA TECHNO MINIMALE, ET LÀ OÙ SE TROUVAIENT LES PLUS BELLES FEMMES. JE ME RÉGALAIS ! C'EST AINSI QUE JE SUIS TOMBÉ DANS LA MUSIQUE. J'AVAIS ACHETÉ UN PETIT PIANO DE RIEN DU TOUT (QUARANTE-NEUF EUROS !), BRANCHÉ SUR MON LOGICIEL. À L'ÉPOQUE OÙ LE NUMÉRIQUE N'EN ÉTAIT QU'À SES BALBUTIEMENTS, JE DEVAIS GRAVER UN CD DÈS QUE JE TROUVAIS UNE NOUVELLE ÉVOLUTION POUR MES MORCEAUX. HOP, UNE NOTE, UN CD ! JE ME RETROUVAIS AVEC UNE QUINZAINE DE DISQUES POUR UNE SEULE CHANSON. ENSUITE, JE LES FAISAIS ÉCOUTER À MES COLLÈGUES DANS MA CLIO 1.

Entre le judo et la musique, je n'avais pas vraiment la tête aux études.

Et ce, bien avant la télévision. J'ai passé et réussi mon BAC, puis j'ai suivi un BTS MUC. Le jour de l'examen de fin d'année, j'ai quitté l'établissement après la première matière, sur un coup de tête. Ça me gonflait. Je n'avais plus envie de faire ça. Parallèlement, je travaillais dans une quincaillerie, à Quincanor, rue Félix Pyat à Marseille. Au fin fond des quartiers Nord. Mon père, lui, avait en tête de me faire entrer à la SNCF ou dans la fonction publique, dans les hôpitaux. Ma réponse à mon papa ?

–

T'inquiète, je vais percer dans la musique, je vais devenir le nouveau David Guetta.

–

J'ENCHAÎNAIS LES PRODUCTIONS.

J'ÉTAIS TRÈS FIER D'UN MORCEAU INTITULÉ « I MISS YOU MY LOVE », QUE L'ON TROUVE ENCORE AUJOURD'HUI SUR INTERNET, SOUS LE NOM D'ANTHONY PAGGINI. UN PRODUCTEUR M'A MIS DES ÉTOILES DANS LES YEUX. J'Y AI CRU ALORS QUE CE N'ÉTAIT PAS SÉRIEUX. AU DÉBUT, J'AI FAIT BEAUCOUP DE TECHNO MINIMALE, PUIS J'AI COMMENCÉ À COMPOSER DE LA MUSIQUE PLUS COMMERCIALE.

Mais pour gagner ma vie, j'enchaînais les petits boulots : Carrefour à Grand-Littoral, au rayon jouets, puis JouéClub à Plan de Campagne. Là-bas, je vendais des Barbie toute la journée, je m'amusais beaucoup. Ensuite, j'ai travaillé chez Picard, puis comme livreur pour un ami pizzaïolo à Peypin (Titi Pizza), Auchan à Aubagne, à la Foire de Marseille pour y monter les stands… Puis, j'ai intégré le monde de la nuit en qualité de barman : la Joïa, l'Alta Rocca à Aubagne. En plus de mon travail au comptoir, j'ai commencé à mixer et prendre du plaisir dans ces nouvelles activités.

C'EST ALORS QU'EN 2012, LA TÉLÉVISION EST ENTRÉE DANS MA VIE.

À quelques heures près, le casting des Marseillais me passait sous le nez. En effet, je me trouvais en vacances à Rimini, en Italie, quand la production de W9 a fait la tournée des discothèques de Marseille pour faire passer les castings aux jeunes susceptibles d'être intéressés par l'émission. De plus, personnellement, je n'aimais pas la télé-réalité. Je vivais pour le judo et la musique, j'avais un niveau Bac+2, j'avais passé mes permis bateau, moto, et plein de possibilités pour travailler. J'étais bien dans ma vie, quoi ! **Hormis l'OM et Fort Boyard, je ne regardais jamais la TV.** J'étais un sportif et un bringueur.

Mais, de retour de vacances, je dîne chez McDo avec deux amies et j'entends dire l'une d'entre elles :

– J'espère que je vais être prise à mon casting !

– Quel casting ?

– Tu connais *Les Ch'tis* ?

– Ouais, vite fait, mais je regarde pas…

– Eh bien, ils vont faire comme *Les Ch'tis*, mais version Marseillais.

Dans ma tête, aussitôt, fuse cette réflexion : « Y'a pas plus Marseillais que moi ! »

Je prends aussitôt le numéro de téléphone de la responsable du casting. Il restait un seul et unique créneau. En arrivant sur place, je croise un ami qui venait, lui aussi, de passer ce fameux casting (Julien Albentosa).

– Oh, Paga, tu vas passer le casting ?!

– Oui.

– Ohlala, je veux rester pour te regarder !

À l'époque, j'étais un fou, je faisais rire tout le monde.

Mon collègue se tourne alors vers la responsable :

– Excusez-moi, mais est-ce que je peux rester pour regarder le casting de Paga ? Là, vous êtes en présence du boss de Marseille !

Deux semaines après, on m'appelait pour me dire que je partais à Miami pour tourner l'émission des *Marseillais*. Ni mon collègue, ni mon amie n'avaient été pris.

POURQUOI EST-CE QUE JE ME CONSIDÈRE COMME UN « *pur Marseillais* » ?

Je suis un amoureux de ma ville. Il m'arrive régulièrement de brûler un cierge à Notre-Dame de la Garde. Même l'été, je reste à Marseille. Aller aux Goudes, me balader dans les Calanques, jouer à la pétanque, une partie de contrée. Je suis fan de l'OM. Je suis un amoureux de Marseille et ça ne se contrôle pas. Marseillais, c'est ma nationalité. Marseille, c'est un pays. Le mien. Le seul. Je ressens le même sentiment que les Corses avec leur île. C'est une religion, une culture. Même l'air à Marseille est différent d'ailleurs. On vit dans notre propre matrice.

À Miami, on est tous arrivés avec notre accent, nos expressions, nos maillots de l'OM. On puait tous Marseille ! On était des cagoles, des bringueurs prêts à tout casser dans la capitale de la Floride. Dès la première soirée, on a retourné la boîte de nuit ! C'est bien simple : depuis notre passage au Bâoli, Miami n'accepte plus les émissions de télé-réalité françaises.

C'était mon premier voyage. Je n'étais jamais monté dans un avion. Même pour aller en Corse, on prenait le bateau. Quelle découverte !

J'AI FAIT TOUT ÇA SANS VÉRITABLEMENT ME RENDRE COMPTE QUE J'ALLAIS PASSER À LA TÉLÉVISION ET SURTOUT, QUE LES GENS ALLAIENT ME VOIR. EN RENTRANT, J'AI REPRIS TRANQUILLEMENT MON BOULOT DE BARMAN-DJ À MARSEILLE. MAIS UNE FOIS QUE L'ÉMISSION A ÉTÉ DIFFUSÉE SUR W9, DÈS QUE JE SORTAIS EN VILLE, J'ENTENDAIS : « EH ! MAIS C'EST LE PETIT PAGA ! » MON COMPTE FACEBOOK EXPLOSAIT. JE SUIS PASSÉ DE 200 AMIS À 5 000 AMIS EN QUELQUES ÉMISSIONS, JE NE COMPRENAIS PLUS CE QUI M'ARRIVAIT. MA VIE A BASCULÉ ET JE SUIS DEVENU POPULAIRE.

Il faut se rendre compte qu'à l'époque, ni Instagram, ni Snapchat, ni TikTok n'existaient. **On ne faisait pas de la télé-réalité à la recherche du buzz.** On ne passait pas un casting dans le but secret de faire du placement de produit et de devenir influenceur. Ça n'existait pas ! On n'avait pas imaginé un seul instant qu'on deviendrait des mini-stars en allant faire la fête à Miami devant des caméras. C'est pour ça que je suis déçu de ce qu'est devenu le milieu de la télé-réalité, commercial et marketing. « Tu veux faire quoi dans la vie ? Devenir influenceur ! » Aujourd'hui, les jeunes pensent que c'est un vrai métier. Nous, les Marseillais « authentiques », on n'avait pas la recette du succès. Ça nous est tombé dessus.

D'ailleurs, gérer la notoriété sans les rentrées d'argent qui vont avec, ce n'était pas forcément évident. À l'époque, je faisais des photos tous les jours avec les gens qui me reconnaissaient dans la rue, mais je vivais avec mon salaire de barman. C'était à la fois la vie normale et la célébrité. Mais c'était peut-être plus sain. Au fil du temps, les boîtes de nuit nous téléphonaient pour nous faire venir, sans toujours nous payer au début. Et les réseaux sociaux se sont développés.

ON N'AVAIT PAS IMAGINÉ UN SEUL INSTANT QU'ON DEVIENDRAIT DES MINI-STARS EN ALLANT FAIRE LA FÊTE À MIAMI DEVANT DES CAMÉRAS.

ÊTRE UN AMBASSADEUR DE MARSEILLE, C'EST PLUS QU'UNE FIERTÉ.

Je suis Marseillais, je meurs pour Marseille, et je représente ma ville. Ce qui me rend fier, en plus, c'est que bon nombre de mes anciens collègues habitent aujourd'hui à Dubaï. Je suis le seul à être resté dans les Bouches-du-Rhône. Moi, j'habite à Marseille et je ne m'exilerai jamais dans un autre pays. Dans le cas inverse, je serais malheureux au bout de quelques semaines d'être éloigné de ma famille, mes amis, l'OM, mes habitudes, la campagne, la pétanque. La dépression guetterait forcément mon esprit.

Désormais, je ne vis plus seul. Ceux qui ont suivi mes aventures sentimentales dans *Les Marseillais de W9* savent que j'ai longtemps été instable. Enfin, je ne suis plus célibataire. Dans l'émission *Les Marseillais vs Le reste du monde*, j'ai fait la plus belle rencontre de ma vie : Giuseppa. Elle a treize ans de moins que moi, c'est sans doute un signe. 13, c'est le numéro du département des Bouches-du-Rhône, le score de la pétanque, et quatre-vingt-TREIZE, l'année de la victoire de l'OM en Coupe d'Europe des clubs champions. **C'est le chiffre porte-bonheur de tous les Marseillais.**

Peu de temps après notre rencontre, Giuseppa et moi avons eu l'immense et heureuse surprise d'apprendre qu'elle était tombée enceinte. Aujourd'hui, je suis le papa comblé d'une petite Giorgia, née dans la même maternité que moi, la clinique Bouchard, trente-cinq ans plus tard. Notre fille est née le 28 avril à 4h29, à l'heure de la sortie de boîte de nuit ! **Giuseppa a été très courageuse pendant l'accouchement, et moi, j'ai pleuré comme une madeleine...** Giorgia était pressée de nous rencontrer car elle est née avec un mois d'avance, et pesait pourtant déjà 3kg185... un bon petit bébé !

LE PRÉNOM

J'AIMERAIS VOUS RACONTER LE CHOIX DU PRÉNOM, QUI A ÉTÉ UN MOMENT TRÈS ÉMOUVANT. PENDANT LA GROSSESSE, LE COUSIN DE GIUSEPPA, ATTEINT DE TRISOMIE 21, A TOUCHÉ SON VENTRE ET A DIT : *« CE SERA UNE FILLE ET ELLE S'APPELLERA GIORGIA ! »* NOUS AVONS TROUVÉ ÇA FANTASTIQUE. CE PRÉNOM CONCORDE TRÈS BIEN AVEC TOUTE LA FAMILLE : GIUSEPPA, SON GRAND-PÈRE GIORGIO, ET PAGGINI, MON PATRONYME. C'EST TRÈS MÉDITERRANÉEN. DÉSORMAIS, IL NE MANQUE PLUS QUE LE MARIAGE... SOYEZ CERTAINS QU'IL SE DÉROULERA DANS LES ALENTOURS DE MARSEILLE, AVEC BEAUCOUP DE PASTAGA ET PLEIN DE CÉLÉBRITÉS.

–

Comme Giuseppa est influenceuse, nous avons le même rythme de vie.

–

Giuseppa et moi avons eu un coup de foudre. Autour de nous, personne ne croyait à la solidité de notre union. D'origine italienne, ma fiancée est née dans le Nord de la France mais a déménagé dans le Sud à l'âge de douze ans, vivant entre Nice et Cannes. Durant une année, elle a été scolarisée à Marseilleveyre et vivait dans le quartier des Goudes.

Malgré son jeune âge, c'est elle qui m'a apporté la maturité et la stabilité. Impossible d'imaginer qu'elle a seulement vingt-deux ans. Giuseppa a été élevée par sa mère. Sans son père, elle a grandi plus vite que les autres enfants. C'est une femme avec de beaux principes, très simple, qui va toujours droit au but. Giorgia, notre petite mounette, est notre immense fierté. Dès qu'elle aura l'âge de se tenir debout, comptez sur moi pour l'emmener au Vélodrome ! Je ferai découvrir à ma fille tous les recoins secrets de Marseille.

Être père, c'est une révélation.

AVANT LA NAISSANCE DE MA FILLE, ON M'A SOUVENT DIT QUE LE FAIT DE DEVENIR PÈRE ÉTAIT UN SENTIMENT EXTRAORDINAIRE, MAIS JE NE M'EN RENDAIS PAS SUFFISAMMENT COMPTE. CETTE EXPÉRIENCE, IL FAUT LA VIVRE POUR LA COMPRENDRE. C'EST TELLEMENT FORT QUE C'EST PRESQUE PHYSIQUE. QUAND JE PRENDS MON BÉBÉ DANS MES BRAS, C'EST COMME SI JE TENAIS MA MOITIÉ. GIORGIA EST COMME UNE PARTIE DE MON ÊTRE. DEPUIS QUE J'AI UN ENFANT, JE ME DIS : LA NATURE EST BIEN FAITE ET LA VIE EST BELLE.

Giorgia commence à me ressembler, et ses yeux sont bleus… dites-moi qu'elle les conservera !

Giuseppa, seulement âgée de 22 ans, est une maman formidable. Elle a aussitôt trouvé son rôle de mère, comme si c'était inné. Pour moi, c'est fabuleux, car elle me soulage de tout ce que je ne saurais pas faire. Malgré tout, j'ai accompagné ma fille pour ses premiers vaccins… et j'ai pleuré !

Avec Giuseppa, on pense déjà au deuxième enfant… un petit garçon, j'espère ! À trente-cinq ans, je dois évoluer. La télé-réalité « colonie de vacances », c'est fini pour moi. Je suis monté dans le bon wagon il y a quinze ans, désormais il s'est garé, et on verra s'il repart dans quelques années. Mais j'ai passé l'âge de faire l'idiot en courant avec un string. Je suis père de famille. Cependant, je continue d'être actif à la télévision. J'apparais désormais avec Giuseppa dans l'émission *C'est la famille* sur W9. Les caméras me suivent en immersion dans mon quotidien, avec ma chérie, ma fille, mes collègues. Je vais présenter une émission sur 6 PLAY, après avoir animé une émission mensuelle sur Fun Radio pendant un an. Je travaille avec le groupe Banijay, bref, je ne suis jamais avare de projets.

Je suis à la fois un mini-clown et un homme simple. Avec mon humour et ma folie marseillaise, j'ai tout fait pour garder les pieds sur terre, rester humble.

JE M'APPELLE ANTHONY PAGGINI MAIS ON M'A TOUJOURS APPELÉ PAGA, DEPUIS L'ÂGE DE 12-13 ANS. DÉSORMAIS, CONSIDÉREZ-MOI COMME VOTRE GUIDE. JE VAIS VOUS FAIRE DÉCOUVRIR MARSEILLE, MA VILLE MAGIQUE, MON PAYS, COMME NUL AUTRE. SUIVEZ-MOI !

Paga, je suis peut-être lyonnais, mais je sais comment tu bois ton flan !

Chapitre 1

L'apéro

MARSEILLE, C'EST LA CONVIVIALITÉ. LES MARSEILLAIS SONT JOVIALS, RIEURS, CHALEUREUX.

Un bon Marseillais vous servira toujours du pastis en apéritif. Pour cela, deux solutions : soit un bon Ricard, soit un bon 51. Selon si vous aimez ou pas la réglisse, vous préférerez l'un ou l'autre. Mais surtout pas d'autres marques… les boissons anisées importées d'autres régions sont proscrites sur ma terrasse.

À MARSEILLE, ON A UNE CHANSON DÉDIÉE À CETTE BOISSON :

« 51 JE T'AIME, J'EN BOIRAIS DES TONNEAUX (ET DES TONNEAUX !)
À ME ROULER PAR TERRE
DANS TOUS LES CANIVEAUX
SI TOI TU M'ABANDONNES
MOI JE M'EMPOISONNE
AVEC CETTE BOMBONNE
DE RICARD BIEN JAUNE »

AVANT DE VISITER NOTRE BELLE VILLE, APPRENEZ L'AIR DE CETTE CHANSON QUE VOUS TROUVEREZ FACILEMENT SUR INTERNET. VOUS L'ENTENDREZ DANS TOUS LES BISTROTS…

Même si j'aime le 51, je reste dans le camp des pro-Ricard. La différence, c'est la saveur. À mon goût, il est plus léger.

Mais entre les deux, il ne sert à rien de débattre, chacun a son préféré et c'est légitime.

UN BON PASTAGA SE BOIT DANS :

un verre tube, un verre ballon, ou un verre momie.

Cependant, il y a une règle à laquelle il ne faut JAMAIS déroger. C'est après – et seulement après – avoir versé deux centilitres de pastis et les volumes d'eau que vous êtes autorisés à plonger vos deux petits glaçons. Jamais avant ! Si vous osez immerger les glaçons dans la liqueur avant de l'avoir colorée d'eau cristalline, les Marseillais hurleront au sacrilège et vous chasseront de la cité ! J'exagère à peine...

–

N'oubliez pas : les glaçons, c'est à la fin ! Pourquoi ? Car sinon, l'alcool cristallise.

–

C'EST PAS MAL... L'ERREUR, C'EST LES DEUX GLAÇONS AVANT L'EAU FRAÎCHE

ON NE DOIT PAS LE DOSER AU HASARD.

DANS UN VERRE TUBE, IL FAUT SERVIR UN DOIGT ET DEMI (DEUX MAXIMUM) DE RICARD, REMPLIR LE VERRE AUX TROIS QUARTS D'EAU, POUR CONSERVER L'ESPACE POUR LES GLAÇONS. LA COULEUR DE VOTRE PASTIS NE DOIT ÊTRE NI JAUNE CLAIR, NI JAUNE FONCÉ. IL EST IMPÉRATIF DE TROUVER LE JUSTE MILIEU ENTRE LES DEUX. SERVIR UN BON PASTAGA, C'EST UN MÉTIER !

IL EXISTE PLUSIEURS FAÇONS DE BOIRE *le pastaga* :

Le Jaune :
pastis + eau

La Tomate :
pastis + sirop de grenadine + eau

Le Perroquet :
pastis + sirop de menthe + eau

La Mauresque :
pastis + sirop d'orgeat + eau

Le Chinois :
pastis + citron + eau

Le Mazout :
pastis + coca

Le 102 :
51+51, double-pastis, spécialité de Serge Gainsbourg

Quelle que soit sa formule, le pastaga **doit être bu très frais**. Un 51 sans glaçons, c'est raté. Alors, veillez à toujours avoir des glaçons au congélateur au cas où un ami sonnerait à votre porte.

Et bien sûr, le *pastaga* doit être accompagné de bonnes cacahuètes, de chips naturelles ou de délicieuses olives. Vertes ou noires ? Tant qu'elles ont poussé à Marseille…

POUR *grignoter* AVEC SON PASTIS.

l'éventail des friandises salées est large :

Une petite tapenade

Une bonne anchoïade

Une sauce aïoli et son assortiment de légumes (concombres, tomates cerises…)

La panisse

C'est une recette traditionnelle à base de farine de pois chiches, dorée au four. Une galette à l'huile d'olive, qui se prépare comme de la polenta. Pour déguster la meilleure panisse, il faut se rendre à L'Estaque.

La fougasse provençale aux olives

QUE FAIRE SI VOUS N'AIMEZ PAS LE PASTIS ?

D'abord, goûtez le Ricard ou le 51 préparé par un vrai Marseillais… Toutefois, si l'anis vous rebute vraiment, j'aurai toujours dans mon réfrigérateur une bonne bouteille de rosé de Bandol. C'est un vin né dans la région de Marseille, on peut donc lui faire confiance. Chez nous, c'est la boisson des femmes.

ET POUR VOS ENFANTS ?

JE CONSEILLE UN BON « GAMBETTA – LIMONADE ». LE GAMBETTA EST UN SIROP PROVENÇAL À BASE DE PLANTES. J'EN AI BU DES LITRES QUAND J'ÉTAIS MINOT.

En effet, l'apéro se partage toujours en famille. Un pastaga sur le Vieux-Port ou à l'ombre d'un arbre du terrain de boules, c'est inévitable. On le boit en pique-nique, chez nos voisins, ou à la pêche, en randonnée en respirant l'air pur des Calanques, en écoutant les cigales, en brûlant sous le soleil de Marseille sur le pont d'un bateau, quand le cerveau ensuqué danse sur le bruit des vagues. Le pastaga fait la tournée des plages, il se boit sur toute la côte.

QUAND ON BOIT LE PASTAGA, ON LE PARTAGE.

Si j'ouvre une bouteille au cours d'un pique-nique, je propose un verre aux personnes autour de moi. Idem dans un bar, même si je ne connais pas mes voisins de comptoir, je paye ma tournée.

Et le plus important ?

Le pastaga du jour de match de l'OM ! On le déguste avant, pendant et... après si nos bleu et blanc ont gagné ! Devant le stade Vélodrome, c'est une tradition. On fait le tour des bars, c'est porte-bonheur.

Et bien sûr, boire le pastis pour apprécier une défaite du Paris Saint-Germain en huitièmes de finale de la Ligue des champions...

Pour partager un pastaga à Marseille, il n'y a pas d'heure, et pas d'endroit. À tout moment, une bouteille peut sortir de nulle part, pour n'importe quel prétexte. Il suffit d'eau et de glaçons et on trinque !

EN CAS DE COUP DE BLUES : PASTAGA !

TU ES HEUREUX ? PASTAGA !

TU VAS TE MARIER ? PASTAGA !

ON L'APPRÉCIE DANS TOUTES LES SITUATIONS...

UN PASATAGA ? ... J'IMAGINE QUE VOUS N'ÊTES PAS DU COIN.

Mon pastaga, je l'aime d'amour.

Le pastis, c'est un alcool qu'on apprécie. On le boit pour décompresser, pas pour s'enivrer. Vous ne verrez jamais un vrai Marseillais descendre son pastaga cul sec. **Le pastis ne se siffle pas en cinq minutes comme une coupe de champagne. Il se regarde, il se sent, il se goûte, il s'apprécie. C'est un art. On le boit en quinze ou vingt minutes, en jouant avec le bruit des glaçons, en faisant « tchin-tchin » avec les copains, en discutant.** Déguster un pastaga, c'est musical. Cet apéro est chaleureux, convivial. C'est du partage. Le pastis a une âme. Entre cet apéritif et les Marseillais, c'est une relation sentimentale. En-dehors de Marseille, je n'oublie pas mon rituel de l'apéro. Quand un Provençal s'exile, il exporte sa culture. Le pastis nous appartient. Dès que je vois un « étranger » siroter un jaune, je l'interpelle :

– Eh! Tu bois un pastis, minot ?! Sais-tu que le 51 est marseillais?

Dès que je monte à Paris, je m'amuse à commander un Ricard :

– Bonjour, un pastis, s'il vous plaît! Avec deux olives et une chips qui traîne?

– Oh! Tu as l'accent marseillais, jeune homme!

Instantanément, ma commande fait naître un sourire sur le visage du garçon de café.

- Ah, Marseille, c'est chaleureux, vous avez le soleil… pas comme chez nous!

J'entends toujours la même chanson, très agréable.

Dans les autres pays du monde, il n'est pas toujours évident de trouver du vrai pastaga. Quand je partais en tournage avec *Les Marseillais de W9*, le manque était énorme. Attention, je ne parle pas du manque d'alcool. Je vous parle du manque de goût, de convivialité, de chaleur humaine.

À mon retour : quelle sensation!

Même si les Marseillais sont réputés pour leur goût de l'exagération, je vous recommande de boire ce succulent chapitre avec modération.

**ALLEZ,
JE VOUS LAISSE QUELQUES MINUTES POUR PRÉPARER VOTRE PREMIER PASTAGA « FAÇON PAGA », AVANT DE POURSUIVRE LA VISITE DE MON MARSEILLE.**

Chapitre 2

La pétanque & le jeu provençal

LA PÉTANQUE EST ANCRÉE DANS LES GÈNES DES MARSEILLAIS.

Chez nous, tout le monde joue à la pétanque. Sans exception. Comme la passion pour l'OM, cela se transmet de génération en génération. C'est notre culture. On y joue principalement l'été, même si vous verrez des joueurs de boules n'importe quel jour de l'année. Quand on est enfant, assister à sa première partie de pétanque est un véritable spectacle. Les parents sont entourés de l'oncle, de la tante, des cousins. Chacun retient son souffle quand il est l'heure de « pointer » pour la grand-mère. **Une partie de boules à Marseille, c'est encore plus typique qu'une pièce de théâtre de Pagnol.** C'est une succession de sketchs. Plus on grandit, plus on crève d'envie d'y participer. Tour à tour, tu vois ton père se concentrer, plaisanter ou marronner.

–

Un après-midi au club de pétanque, c'est une tranche de vie.

–

Le Mondial La Marseillaise à pétanque fait notre fierté chaque année depuis 1962.

Plusieurs dizaines de nationalités sont représentées, pour 13 000 joueurs. En quelque sorte, c'est la coupe du monde de la pétanque, organisée chaque année sur le territoire marseillais. De grands artistes y ont participé : Henri Salvador, Mireille Mathieu…

À l'origine, les anciens ne parlaient pas de pétanque mais pratiquaient le « jeu provençal ». On l'appelle aussi la « Longue ». C'est un jeu beaucoup plus mobile, sportif et chorégraphié que la pétanque. Il faut faire trois bonds, se tenir en équilibre sur une jambe… C'est très complexe.

Une partie de longue peut durer jusqu'à cinq heures.

Mieux vaut dessiner son terrain sous les arbres pour tenir le coup. Un jour, un ancien a considéré qu'il n'avait plus la forme physique nécessaire pour s'adonner au jeu provençal. Toutefois, il trouvait inconcevable l'idée de rester chez lui et d'abandonner sa passion aux jeunes loups. **Les Marseillais sont tenaces et plein d'audace.** Ainsi, il a pris une décision : désormais, il jouerait avec les « pieds tanqués » dans le cercle, et le terrain serait un peu moins grand. Ce visionnaire a inventé une variante du « jeu provençal », qui deviendra **la pétanque** (contraction de « pieds tanqués »). Sa renommée dépassera les frontières de la Provence, puis de la France. Cette histoire authentique m'a été racontée par les anciens de La Ciotat, je peux donc assurer qu'il ne s'agit pas d'une légende.

LES règles DU JEU :

Dans chaque équipe, on trouve un pointeur, un tireur et un « milieu » (polyvalent). Ce dernier est généralement le meilleur des trois. On peut aussi jouer deux contre deux. *L'objectif est simple : être la première équipe à marquer 13 points.* Pour cela, il faut lancer ses boules le plus près possible du cochonnet, que l'on nomme le plus souvent le « but » ou le « bouchon » à Marseille. Quand l'équipe adverse est la plus proche du « but », j'ai deux solutions : pointer afin de m'approcher encore plus du bouchon, ou tirer pour faire disparaître la boule adverse, et ainsi récupérer le point.

MA PETITE ASTUCE :

QUAND VOUS VOUS POSITIONNEZ DANS LE CERCLE, RÉFLÉCHISSEZ AU PLACEMENT DE VOS PIEDS. DÉCALEZ-VOUS À GAUCHE OU À DROITE SELON L'ENDROIT OÙ VOUS SOUHAITEZ LANCER VOTRE BOULE.

Les expressions

T'AS GAGNÉ LE BUT, ENVOIE-LE !

Celui qui a perdu le tirage au sort « à la pièce » indique à son adversaire de débuter la partie.

LA DONNÉE

L'endroit où je prévois d'envoyer ma boule.

LA MÈNE

Nom que l'on donne à une manche, qui rapportera un ou plusieurs points. Celui qui lance le bouchon à chaque mène annonce le score, en donnant son chiffre en premier. Par exemple : « 3-7 » (si mon équipe est menée 7 points à 3). À noter que si le score est de 12-12, le premier arrivant à 13 a gagné. Il n'y a pas « deux points d'écart » comme au ping-pong.

UNE RAFLE

Quand on « tire » pour écarter les boules de l'adversaire, avec plusieurs rebonds. Un peu comme au bowling ! Attention, les Marseillais détestent cela. Aucune règle ne l'interdit mais celui qui joue ainsi se fera traiter de touriste. « Oh, t'es sérieux, toi ?! Tu tires à la rafle ? »

PINCER LE BOUCHON OU « FAIRE UN RAMI »

Quand je tamponne la boule de l'adversaire pour prendre le point.

« OH, TU M'AS ENVOYÉ UN TRAIN MAIS T'AS FAIT RAMI, TU AS UN CUL MONSTRUEUX »

Tu as très mal joué mais tu as quand même remporté le point, tu es très chanceux.

FAIRE UN CROCHET

Tirer mais voir sa boule retomber très loin de l'objectif. « Oh peuchère, j'ai fait un crochet ! Elle m'est sortie de la main ! »

Façon de dire avec mauvaise foi qu'on a raté son tir.

GARDER À LA MAIN

Quand je pointe mais que mon lancer est beaucoup trop court.

VAS-Y, RAJOUTE !

Quand l'équipe adverse n'a plus de boules mais que ton coéquipier en a encore trois en mains. C'est donc l'occasion de marquer beaucoup de points.

ENVOYER UN TRAIN

Mal jouer.

TIRER À LA RASPAILLE

Jouer au hasard.

JOUER « CONTRE À MA BOULE »

Je pointe ma deuxième boule pour marquer un second point, mais de façon maladroite, je pousse ma première boule. On appelle ça aussi « contre à l'équerre ».

SUR UN TERRAIN
DE BOULES, ON SE
TUTOIE, MÊME SI
L'ON NE SE CONNAÎT
PAS. ÉVIDEMMENT,
JE N'OSERAIS PAS
TUTOYER UN ANCIEN,
MAIS DÈS QUE JE LUI
SERS DU « VOUS »,
IL VA ME RÉPONDRE
INVARIABLEMENT : « OH!
FILS! TU ME TUTOIES,
D'ACCORD? »

EMBRASSE LE CUL DE FANNY !

Quand une équipe perd 13-0, la cloche du club de boules sonne afin que tout le monde soit au courant ! Les perdants doivent alors embrasser les fesses d'une statue ou d'un poster représentant une femme. Et on paye l'apéro !

ON TOURNE !

Quand on échange le pointeur et le tireur, faute de résultats probants.

J'AI MAL TAPÉ !

Après un pointage manqué.

T'AS FAIT TELLEMENT DE TROUS QU'ON SE CROIRAIT DANS UN CHAMP !

Après une succession de points ratés.

DÉFENDRE UN POINT.

Quand ma boule est la plus proche du bouchon, mais que je sais que l'adversaire peut faire mieux.

JOUER LA MAIN DE GAGNE

Quand mes deux boules restantes peuvent me permettre de gagner la partie.

TIRE À LA SAUTÉE !

Je demande à mon coéquipier de passer par-dessus ma boule pour aller tirer celle de l'adversaire.

FAIRE UNE CASQUETTE

Tirer sur le dessus de la boule adverse, sans la faire bouger.

J'AI FAIT UN ARRÊT !

Façon marseillaise de dire « J'ai fait un carreau », c'est-à-dire tirer et écarter la boule adverse, pour prendre le point à sa place. C'est le coup le plus spectaculaire de la pétanque qui déclenche souvent des applaudissements ou des exclamations.

ÇA PATINE !

Quand on fait un carreau mais que sa propre boule patine un peu sur le sol, avec l'effet.

LE PALET

Faire bouger ta boule sur le côté ou en avant d'environ un mètre après avoir fait un énorme carreau sur une boule adverse.

T'ES UN PEU NOIR !

Être malchanceux.

PORTE UN PEU TA BOULE

Avant de pointer, conseil pour éviter des graviers et jouer dans une meilleure zone.

BOULE DEVANT, BOULE D'ARGENT

Lorsqu'une boule est positionnée devant le bouchon, même si elle ne prend pas le point aussitôt, elle pourra servir plus tard.

S'EMBOUCANER

Lorsqu'il y a litige sur le vainqueur du point, il existe plusieurs façons de mesurer la distance entre les boules et le but : les anciens utilisent la ficelle de leur aimant (qui leur évite de se baisser pour ramasser les boules), sinon on le fait à l'aide d'un mètre ou d'une brindille. Dernière solution, on appelle des collègues qui vont donner un avis impartial.

OH, FAN DE CHICHOUNETTE, IL A DES OBUT !

Quand je suis impressionné par la qualité des boules de mon adversaire. À Marseille, on ne joue pas avec n'importe quoi. « Oh, minot, tu joues avec des ATX 730 grammes, c'est pas un peu lourd pour tirer ? »

TAPES-Y !

Pour dire à ton coéquipier de reprendre le point.

SERRE LE JEU !

Quand la partie est mal engagée, pour demander à un coéquipier de se rapprocher au maximum du bouchon, pour limiter la casse.

TIRER AU FER

Taper directement sur la boule, sans le moindre rebond.

TOURNÉE GÉNÉRALE DE PASTAGA

Une fois que le pointeur a joué toutes ses boules, il va chercher à boire pour tout le monde.

SORTIR DU CADRE

Quand le bouchon est envoyé involontairement en-dehors du terrain.

QUI JOUE REJOUE

Si ma boule sort du terrain tout en faisant sortir la boule de mon adversaire, c'est à moi de rejouer.

ON A GAGNÉ CONTRE PIM, PAM, POUM / ON A BATTU LES FRÈRES JACQUES

Quand tu t'imposes contre une équipe de « nuls ».

HONNEUR AUX DAMES

Quand une femme participe à la partie, c'est elle qui engage la première mène et tire le bouchon. Idem pour les enfants.

T'Y AS FAILLI GAGNER LE POINT MAIS EN PASSANT !

Pour se moquer, quand ton pointage était bien parti mais qu'il est finalement raté.

TU PARLES BEAUCOUP ALORS QUE TU EN JOUES GUÈRE !

Destiné aux joueurs donneurs de leçon qui sont meilleurs pour parler que pour pointer !

UN NARI (À PRONONCER NAARI, AVEC L'ACCENT TONIQUE SUR LE A)

Mauvais point.

DEVANT DE BOULES

Quand on gagne le point en se collant devant la boule de l'adversaire.

FAIS LE BON !

Fais un bon point.

FAIS-LES TIRER !

Fais un bon point pour obliger l'adversaire à tirer.

LA REFENTE

S'appuyer sur sa propre boule ou celle de l'adversaire.

ON PREND UNE VALISE

Une raclée.

LE CHIFFRE GUIGNE

7. Quand tu mènes 7-0, tu peux être sûr que tu vas perdre. Si tu mènes 6-0, ou 8-0, c'est bon. Mais 7… c'est la guigne ! La malchance. En provençal, on dit : « 7 à Gé n'en gana Gé » (7 à 0 ne gagne jamais). S'emploie aussi pour le 12 : 12-0, 12-1, 12-3… Tu n'arriveras pas à marquer le treizième.

ELLE ME SORT PETIT DOIGT

Je rate mon lancer.

IL EN A GUINTE POINTS

Il ne marque aucun point.

C'EST UN CALAMAR

Un mauvais joueur de boules.

« MIEUX VAUT DIX MINUTES DE CUL QU'UNE HEURE DE BIEN JOUÉ »

Le genre de phrases que disent les anciens pendant le débrief, autour d'un bon pastaga. En effet, on refait toujours la partie autour d'un petit jaune. Celui qui gagne paye toujours l'apéro à son adversaire. C'est une tradition immuable, n'y dérogez pas.

« MINOT ! MIRACLE, ÇA NE PREND PAS DE "S" »

L'expression favorite de mon père pour m'expliquer que si je ne m'applique pas, je ne réussirai pas une seconde fois un bon tir.

Plusieurs milliers de clubs de pétanque existent en France, mais la capitale de ce merveilleux sport populaire est bien évidemment Marseille.

Chez nous, tout le monde joue, à tout âge et sans le moindre critère d'exclusion. Que l'on soit riche ou pauvre, cantonnier, avocat ou plombier, on joue sur le même pied d'égalité. À la pétanque, le sans domicile fixe peut sans scrupule tirer la boule d'un homme politique et le traiter de calamar. Autour du petit jaune, on se taquine sans savoir à qui l'on parle. Les statuts restent à la maison. Au terrain de boules, on est tous des Marseillais passionnés de pétanque, sans distinction. **Peu importe que je passe à la télé, je peux me prendre une valise de la part du boulanger qui se lève à quatre heures tous les matins.**

Mon club de boules

Je suis fier de vous annoncer l'ouverture de **mon premier club de pétanque**, que je dirige avec mon cousin Dimitri. Il se trouvera au 29 rue d'Haïti dans le VIIIe arrondissement de Marseille et s'appellera La boule des phocéens. Venez nous voir nombreux !

DYLAN ROCHER

Dylan est l'un des meilleurs joueurs du monde. Il a plusieurs fois été sacré champion du monde de triplette.

C'est un vrai sportif de haut niveau, qui a débuté au Mans avant de s'installer dans notre belle région, à Fréjus. J'adore le regarder jouer. Dylan est un monstre de précision.

La contrée

C'EST UNE VARIANTE MARSEILLAISE DE LA BELOTE, QUI TIRE SON NOM DES ANNONCES « CONTRE » ET « SURCONTRE ».

Dans le même esprit que la pétanque, c'est un moment de partage et de détente, souvent à l'heure de l'apéritif. On y joue par équipes de deux. Ça marronne beaucoup, ça triche, ça crie, les gestes d'humeur se multiplient avec la mauvaise foi.

La contrée se joue à la maison, dans les bars ou dans les cercles. C'est un jeu de cartes qui se joue sans argent. Seul le plaisir compte.

LES *règles* DU JEU :

Un fois le donneur désigné au hasard, il distribue les cartes à jouer :
– 4 cartes (face cachée) sont alignées devant chaque joueur, en commençant par l'adversaire. Puis 4 cartes (face visible) viennent recouvrir les cartes déjà sur la table.
– À nouveau, le donneur dispose une rangée de cartes supplémentaires devant chaque joueur : 4 cachées, 4 retournées.
À l'issue de la donne, chaque participant a donc face à lui 8 cartes connues recouvrant 8 cartes à découvrir.
La dernière carte distribuée lors de la donne désigne la couleur d'atout. Elle marque le début du premier tour de prise.
Le premier joueur à parler est celui qui n'a pas distribué. Si aucun joueur ne prend, on procède à un second tour de parole où les joueurs peuvent proposer, chacun leur tour, la couleur d'atout de leur choix.
Une fois le preneur déterminé, on peut commencer la partie !
C'est l'adversaire du donneur qui entame la partie en étalant la première carte. Les joueurs doivent fournir la même couleur que l'entame. L'atout est supérieur à la couleur demandée.
L'ordre et la valeur des cartes sont les mêmes qu'à la belote classique.
Le joueur qui joue la carte la plus forte ramasse le pli. Lorsqu'une carte du dessus a été jouée, alors le joueur doit retourner la carte cachée en dessous pour pouvoir la mettre en jeu.
Les joueurs ont la possibilité d'annoncer des combinaisons (tierce, carré, cinquante et cent) en jouant avec leurs cartes découvertes mais non jouées. Elles rapportent des points supplémentaires lors du décompte des points en fin de partie.
Pour obtenir les scores des joueurs, il faut totaliser les plis ramassés.

POUR JOUER À LA CONTRÉE, IL SUFFIT D'ÊTRE DEUX, AUTOUR D'UN BON PASTAGA ! QUI OSERA VENIR ME DÉFIER DANS UN BAR DE MARSEILLE ?

ET ÇA, C'EST JUSTE POUR DIRE BONJOUR ?

Chapitre 3

Le parler marseillais

DÈS QU'UN ÉTRANGER POSE LE PIED SUR LE SOL MARSEILLAIS, IL PERÇOIT LA MUSICALITÉ DE NOTRE LANGUE. SI MARSEILLE EST UN PAYS, JE N'AI PAS DE MAL À AFFIRMER QUE LE PROVENÇAL EST UNE LANGUE QUE NOUS AVONS LE DEVOIR DE FAIRE PERDURER, DE GÉNÉRATION EN GÉNÉRATION. SUIVEZ-MOI DANS CE DICTIONNAIRE...

FAN DES PIEDS

Interjection exprimant la surprise, l'admiration, l'étonnement ou l'ironie.

« Oh fan des pieds, mais t'y es plein de sous, toi ! »

CHICHOUNE, CHICHETTE

Désigne le sexe féminin.

« Oh fan de chichoune ! »

JE ME SUIS FAIT CASSER LA RONDELLE

J'ai perdu treize à zéro et ça fait mal au derrière.

MARRONNER

Râler. Se dit d'un mauvais perdant.

TROMPETTE

Un cagueux, un peureux.

« T'es une trompette ! »

FAN DE CHICHOUNETTE, FAN DE PUTAIN

Le mot « fan » (à prononcer comme le mot faon) peut également s'employer seul, dans la même utilisation.

« Oh fan ! Quel but de fada de Jonathan Clauss ! »

C'EST LA SARDINE QUI A BOUCHÉ LE PORT DE MARSEILLE !

Expression populaire datant du XVIIIe siècle. La légende prétend qu'un bateau, « La Sartine », avait bouché l'entrée du port de Marseille. Au fil du temps, « sartine » est devenu « sardine » et cette expression est employée pour définir une histoire à dormir debout, une galéjade, une exagération typiquement marseillaise.

CAFI DE TOURISTES

« Plein ». Un endroit rempli de monde, où les touristes sont presque entassés.

BASTIDE

À Marseille, on peut dire « Tu as vu cette maison ? », mais aussi « Regarde cette bastide ».

BASTONNER

Mettre le paquet, tout donner, se bagarrer.

BESTIASSE

Deux sens possibles : Personne stupide, un peu bébête.

Grand costaud (« C'est un buffle, il est bestiasse ! »)

CASTAGNER

Se battre.

TÊTE D'AÏ ! (OU TRONCHE D'AÏ, OU TRONCHE D'ANCHOIS)

Pour se moquer gentiment de quelqu'un de distrait.

« Oh, tu la joues ta boule, tronche d'anchois ? »

IL A LE CUL BORDÉ DE NOUILLES

Il a de la chance.

ARAPÈDE

Une personne collante, qui ne me lâche pas les baskets une seconde. (Au sens propre, une arapède est un mollusque solide accroché à un rocher).

BADER UNE FILLE

Fixer une personne, l'esprit ailleurs.

« – Anthony, arrête de la bader !

– Non, mais cette fille est trop belle, t'as vu les formes qu'elle a ?

– T'as vu comme tu la bades ? T'as presque la langue qui pend ! »

BARTAVELLE

Bavard. Personne au bavardage incessant. Un nom bien connu pour tous ceux qui ont lu Marcel Pagnol. Au sens propre, une bartavelle est une perdrix rouge du Midi.

EH BÈ !

Notre ponctuation à nous. Cette interjection peut être utilisée dans n'importe quel cas. « Eh bè ! Il a fait un carreau ? » Ne pas se tromper dans l'écriture de l'accent grave (et non aigu).

HIER PUTAIN J'AI BIEN MANGÉ ENCULÉ

En français : « Hier, j'ai bien mangé. » C'est une phrase de l'humoriste Marseillais Patrick Bosso, pour expliquer à quel point ces deux grossièretés n'ont pas de sens injurieux à Marseille. Dans notre bouche, ce n'est ni plus ni moins que de la ponctuation.

ÇA VA, MON BEAU ? ÇA VA, MA BELLE ?

Phrase que l'on peut dire à n'importe qui, dans la rue. À Marseille, les relations sont toujours très familiales, amicales.

PEUCHÈRE !

C'est peut-être le mot marseillais le plus célèbre du monde. Exclamation employée à toutes les sauces pour exprimer une commisération affectueuse ou ironique.

« Oh, peuchère, le pauvre petit minot est malade. » Ou encore : « Peuchère, les Parisiens pensent qu'ils vont gagner la coupe aux grandes oreilles ! »

FAIS DU BIEN À BERTRAND, IL TE LE REND EN CAGUANT

De l'occitan provençal : « Fai de ben a Bertrand, te lo rendrà en cagant. » À propos d'une personne qui ne renvoie pas l'ascenseur.

ELLE A LE BIAIS

Avoir de l'allure, être très adroit.

BICOU

Petit terme affectueux, par exemple pour saluer quelqu'un dans la rue. Oh ! mon bicou, ça va ?

BIDONASSE

Frimeur.

–

C'est la sardine qui a bouché le port de Marseille !

–

ALLEZ, BOULÈGUE !

FAIRE BISQUER

Titiller, faire râler.

Je téléphone à un collègue pour lui dire « Ce soir, je vais au concert de Soprano, pas toi ? »

Là, je le fais bisquer, ça le prend aux tripes, ça le fait marronner.

BLAGUER

Discuter.

TÉ !

Interjection utilisée en début de phrase pour exprimer la surprise.

UN BOUDIN

Un laideron, une fille pas très jolie.

FAIRE LE FANCHO, LE CACOU, LE TONY MONTANA

Frimer, fanfaronner, faire le mariole, le voyou, le mac.

UNE BOUFIGUE

Une ampoule au pied, une morsure à la joue.

« Oh, mon pauvre ! Tu as une boufigue ? Heureusement que c'était pas un serpent venimeux ! »

BOUGER (NE PAS)

Vieillir. S'emploie toujours avec une négation.

« Té ! J'ai vu Tata Ginette à la boulangerie. Elle a pas bougé ! Depuis 25 ans, c'est la même ! Pas une ride ! »

BORDILLE

Ordure. Personne méprisable.

« Oh lala, il a fait un coup de maître, c'est une bordille ! »

SE FAIRE UNE BRAVE PEUR

Se faire une frayeur.

« Oh le PSG a failli marquer, je me suis fait une brave peur ! » ou « Mon coeur a failli lâcher ! »

BOULÉGUER

S'activer, se bouger, envoyer la purée, passer à l'action.

« Vas-y, boulègue-toi ! Allez, boulègue ! »

BON BOUT D'AN !

Bonne fin d'année !

À L'AN QUE VEN

À l'année prochaine.

JE ME SUIS FENDU LA TÊTE !

Se faire mal en marquant un but de la tête, sur un corner par exemple.

UNE BRÉLASSE, UNE BRÊLE.

Personne indigne de confiance, nulle. « Il ne sait rien faire de ses dix doigts, c'est une brêle. »

ARRIVER À L'HEURE DES BROUSSES

Être en retard.

ESCAGASSER

Fatiguer, agacer, ennuyer.

« Tu m'escagasses ! »

CABANON

Maisonnette de bord de mer, où on se retrouve le week-end entre copains pour une escapade ensoleillée.

CACARINETTE

Sens 1 : Avoir les couilles à l'envers. Avoir la haine, être en colère.

Sens 2 : Avoir des cacarinettes dans la tête, cela signifie être un peu fada, ne pas être fute-fute.

En provençal, une cacarinette est une coccinelle.

CACHE-MAILLE
Tirelire.

CAFOUTCHE
Petit tupperware ou petite cave.

CAGADE
Commettre une bêtise irréparable. Merder.

AVOIR LA CAGAGNE
Avoir la diarrhée.

« Il m'a fait tellement peur qu'il m'a mis la cagagne ! »

LE BLOND
Le soleil.

« Quel cagnard ! Le blond, il tape fort ! »

S'ENCAGNARDER
Bronzer, faire le lézard au soleil.

CAGUER
Rater quelque chose. « Tu as loupé ton vol ? Franchement, tu as cagué ! »

S'EN CAGUER
Se moquer de quelque chose.

OH ! MA CAILLE
Petit nom affectueux.

CALU
Fou, fada, excessif.

CAPOUT
Cassé, fini, flingué. « Il est capout, c'est la fin des haricots. »

CAPOTER
Être éberlué en regardant ou en apprenant quelque chose.
« T'as vu la reprise de volée de Valentin Rongicr ? Je capote ! Quel but de fada ! »

UNE BROQUE (OU UNE CARAQUE)
Personne sale, crasseuse, vêtue comme un clochard, véhiculant une odeur pestilentielle.

SE FAIRE CHALER
Être transporté par un collègue sur son scooter. Très employé chez les jeunes, dans les quartiers.

CHAPACAN
Quelqu'un de désordonné, mal habillé, sans scrupules. Marginal.

CHICHI
Le sexe masculin. S'emploie aussi dans un autre sens figuré : « Ce type, c'est un chichi ! », un bon à rien. Pour une fille, on dit une chichiteuse.

IL N'Y A QUE LUI ET LE CHIEN DE PHILIPPE !
À propos d'un collègue qui vante ses mérites à longueur de journée, comme s'il était le meilleur du monde.

SE CHOPER AVEC QUELQU'UN

Se quereller, pas forcément de façon violente.

COLLÈGUE

Ami, copain, frère. S'emploie à toutes les sauces !

COQUIN DE SORT !

Exprime le désarroi, l'étonnement, l'admiration, la stupéfaction. Cette expression a été popularisée en 2022 car un personnage de *L'Amour est dans le pré*, sur M6, l'employait dans le générique de l'émission.

CARCAN

Enfer.

SE MANGER LES COUILLES

Être ruiné.

« J'ai misé tout mon salaire sur le cheval n°19, je n'ai plus un sou. Je me suis mangé les couilles ! »

COUILLETI

Couillon.

MOUNINE

Mignon.

COULER L'EAU

Transpirer.

JE CRAINS DÉGUN !

Je n'ai peur de personne.

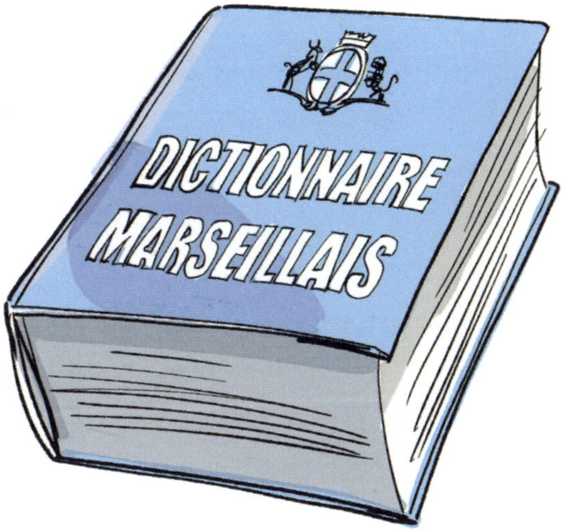

UN DÉGUN SANS CHAUSSETTE

Un moins que rien.

BOIRE COMME UNE ESTRASSE

Boire comme un trou.

ÊTRE EN CROIX, ÊTRE MORTIBUS

Être « mort »

« Regarde-moi cette croix, ce bon à rien ! »

SE DÉPÉGUER

Se débarrasser de quelqu'un ou de quelque chose.

DÉVARIÉ

Un dévarié de la tête est un allumé du cerveau, un fou.

QUÉ ME DIS ?

Qu'est-ce que tu me racontes ?

DORMIASSE

Se dit d'une personne lente, molle, constamment au ralenti.

EMBOUCANER

Vendre du rêve, manipuler, mener à la baguette.

ENCAPER

Sens 1 : « On a encapé le soleil. » Cela signifie que le soleil est très présent aujourd'hui.

Sens 2 : « Encaper une fille. » L'embrasser, lui rouler une pelle.

ENGATSER

S'énerver, se prendre la tête. Une engatse : une prise de tête.

ESCAGASSER

Fatiguer. « Tu m'escagasses ! »

ESCAPER

S'échapper.

ESQUICHÉ

Serré.

ESTOUFFADE

Au sens propre, une estouffade est la façon de faire cuire une viande à feu doux à la vapeur. Au figuré, une estouffade signifie une peur bleue.

« Je n'ai pas vu la voiture en traversant la route à pied. Quelle estouffade ! »

ESTRASSE

Personne négligée. Au sens propre, il s'agit d'un chiffon, d'une serpillère. S'emploie aussi dans le sens : un coup d'estrasse (il m'a fait un coup à l'envers).

ESTRON

Étron.

UN ENSUQUÉ

Se dit d'une personne molle, au ralenti.

FADA

Fou.

FADOLI

Fou.

FAI TIRA !

Occitan provençal signifiant : en avant ! À la pétanque, cela signifie : fais tirer. On le dit aussi lorsqu'on est pressé, ou que quelque chose n'est pas grave. « Oh c'est pas grave, fai tira ! »

ÊTRE FANÉ

Être dégoûté.

ÊTRE FANNY

Perdre 13-0 à la pétanque. Ne marquer aucun point.

« Oh, brêlasse, t'as encore baisé le cul de Fanny ? »

FATCHE !

Oh là là. Interjection exprimant la stupéfaction ou l'admiration.

« Oh, fatche de con, t'as vu comme il la bade ? »

FATIGUÉ

Bon à rien, nul.

« Tu vois pas que c'est un fatigué, lui ? »

FENESTRON

Sens propre : petite fenêtre. Sens figuré : moins-que-rien.

FIFRE

Bon à rien.

PERDRE LA FIGURE

Quelqu'un qui ne tient jamais ses promesses « perd la figure ».

FIGURE DE POULPE !

Insulte.

FIGURE DE PAIN SUCÉ !

Insulte.

FURER (UNE FILLE)

Draguer, ou embrasser.

« On s'est furés tout l'après-midi » => « On s'est galochés tout l'après-midi. »

GAMATE

Vieille marmite, boîte de conserve usagée. Au sens figuré, c'est un terme péjoratif désignant par exemple quelqu'un qui chante très mal.

« Peuchère, on ne va pas aller voir ce chanteur au Dôme, tu vois pas que c'est une vieille gamate ? Attendons la semaine prochaine pour le show de Soso Maness ! »

GANSAILLER

Réveiller, secouer, pousser à l'action. « Gansaille-toi ! »

GARRI

Surnom affectueux utilisé pour interpeller une personne.

« Oh, gari, que fais-tu à Saint-Fé ce matin ? »

GOBI

Un gobi est un poisson. À Marseille, on utilise ce mot dans le sens suivant : gober n'importe quel mensonge.

« Oh, gobi ! Tu vas pas croire tout ce qu'il te dit ? »

GOI

Nom familier qui désigne quelqu'un qui marche de travers. Traduction du français « boîteux ».

« Depuis son accident, il est resté goi. »

GALINE, GALINETTE

Petit surnom affectueux, mignon.

NIFLER

Gonfler. « Il me nifle, celui-là ! »

GUINCHER

Sens 1 : Danser.

Sens 2 : Lorgner une fille.

FLAGADUS, FLAGADA DU CERVEAU, MOULIGASSE

Personne molle, qui réfléchit lentement.

MINOT

Jeune.

« Oh, minot ! Tu me sers un petit jaune ? »

JOBASTRE

Fou.

DE LONGUE

En permanence, en continu.

« De longue il est sur sa Play Station ! »

FAIRE MACARI

Faire chou blanc.

SE LEVER LE MAFFRE

Soulever quelque chose, fournir un effort très important, être très travailleur.

« Peuchère, il s'est levé le maffre, tu t'affoles ! »

MAMÉE

Grand-mère. Le rappeur Marseillais Alonzo en a fait une chanson.

S'ESTRAMASSER

Tomber, chuter.

LE CON DE MANON ! PUTAIN DE MANON !

Juron exprimant le mécontentement, l'agacement, le dépit.

JE M'EN FOUTCHE !

Je m'en moque.

BOUCAN

Personne bruyante, pleine d'énergie. « T'es un boucan, toi ! »

MAINS DE PATI

Ne rien savoir faire de ses dix doigts.

« Tu ne sais pas de servir d'un tournevis, tu as les mains de pati ! »

MOMO
Bobo.
« J'ai momo aux dents. »

VA CHERCHER MOLINARI
Expression employée lorsqu'une situation est insoluble.

Cette expression vient de la légende de la « Sartine » (cf. début de ce chapitre). Afin de déboucher l'entrée du port, des badauds auraient crié : « Il faut aller chercher Molinari », appelant ce modeste – mais très habile – charpentier de marine de La Ciotat.

MORVÉLUS
Terme péjoratif pour désigner un morveux, qui a de la morvelle (morve) au nez.

MOUNINE, MOUNE, MOUNETTE
Terme signifiant « chatte », pouvant être aussi bien très affectueux que péjoratif.

MOULIGAS
Mou.

NASOLE
Nez. « Oh, la nasole qu'il a, Cyrano ! »

SE NÉGUER
Prendre l'eau, se noyer.

SE NIASQUER
S'empéguer la tête, se bourrer la gueule.

NIFLANT
Gonflant. « Ton film est niflant ! »

NINE
Petit surnom affectueux.

NONO
Faire des nonos : faire des caresses.

OH, L'ONCLE !
Expression pour désigner affectueusement une personne plus âgée que soi, même sans le moindre lien de parenté ! « Oh, l'oncle, tu tires ou tu pointes ? »

AVOIR DES OURSINS DANS LA POCHE
Être radin.

PACHOLE, PACHOLASSE
Terme vulgaire désignant le sexe féminin.

PACOULIN
Paysan. Personne qui n'est pas du tout à la mode.

PÉBRON
Imbécile, crétin.

ÇA PÈGUE !
Ça colle.

PESCADOU

Pêcheur.

« Vé ! Les pescadous sont de retour. »

RASTAQUOUÈRE

Personne de mauvais goût, un peu suspecte, radine.

MÉFI !

Prends garde à toi.

PIACAMPI

Voyou, minable, qui n'accomplit ses tâches ni avec cœur, ni avec soin.

« Ne lui donne pas ta voiture à réparer, c'est un piacampi ! »

QUÉ … !

Le petit mot qu'on ajoute tout le temps à Marseille, pour souligner ce que l'on veut dire. « Qué femme ! Qué bombasse ! »

QUIQUE

Sexe masculin, utilisé aussi sur le plan affectueux. « Oh, quique, tu es de retour ? Oh, mon quiquou ! »

RADASSE

Insulte désignant une prostituée.

RAPIA, RASTÈGUE, RA

Radin, personne près de ses sous.

COUVERT COMME SAINT-GEORGES

Personne qui a enfilé des couches de vêtements plus que de raison.

SANTON

Figurine provençale ornant les crèches de Noël.

SE SÉGUER

Se masturber. Utilisé aussi pour envoyer paître quelqu'un. « Allez, va te séguer, toi ! »

IL EST STOQUEFICHE !

SOUPE À L'AIL

Aller voir ailleurs.

« Tu vois pas que tu m'as gonflé ? Va te faire une soupe à l'ail ! »

STASSI

Bon à rien.

STOQUEFICHE

D'une maigreur inquiétante.

TANQUER

Taper, cogner, entrer en collision. S'emploie aussi dans un sens vulgaire pour dire « baiser », « se faire une fille ou un mec ».

TANQUÉE

Se dit d'une femme très belle, bien cambrée.

« C'est un bloc, elle est tanquée ! »

TCHOU-TCHOU

Idiot, stupide.

« Lui, c'est un tchou-tchou ! »

TESTARD

Têtu comme un âne.

TESTASSE

Tête.

TOURNEVIRER
Tourner dans tous les sens, par exemple en voiture pour chercher une place.

TROMBLON
Peureux.

VA CAGUER !
Va-t'en, sors de ma vue.

VÉ !
Interjection souvent employée pour dire : « Regarde ! »

VIER D'ÂNE
Un nul, un bon à rien.

ÊTRE UN VIER
Le vier désigne le sexe masculin. Être un bon à rien.

« Arrête de jouer, tu mets toutes les boules à côté, tu es un vier. »

VIRER UNE DROITE
Mettre une droite à quelqu'un.

VOUAIS
Ouais.

LUI, C'EST UN TCHOU-TCHOU !

Chapitre 4

Les spécialités culinaires

MARSEILLE, C'EST UNE GASTRONOMIE UNIQUE EN SON GENRE. À MARSEILLE, LE REPAS, C'EST SACRÉ. D'ABORD, IL EST QUESTION DE CONVIVIALITÉ. GRIGNOTER UNE SALADE SOUS VIDE, SUR LE POUCE, ENTRE DEUX RENDEZ-VOUS, ON LAISSE ÇA AUX PARISIENS ! CHEZ NOUS, ON AIME PRENDRE LE TEMPS, DRESSER UNE JOLIE TABLE, AU SOLEIL, AVANT DE DÉGUSTER LES RECETTES QUE NOUS ONT TRANSMISES LES « ANCIENS ». LA NOURRITURE PROVENÇALE EST AUTANT TRADITIONNELLE QU'ENSOLEILLÉE. QUI N'A JAMAIS RÊVÉ DE DÉGUSTER UNE BONNE BOUILLABAISSE SUR LE VIEUX-PORT ?

La bouillabaisse

C'est un plat inventé par les pêcheurs. Je l'appellerais la « soupe de mer », puisque tous les poissons sont mélangés. On la mange avec des croûtons à l'ail et de la rouille, en hiver comme en été. **La bouillabaisse réchauffe le cœur des Marseillais.** C'est un plat populaire, accessible à tous.

Ce plat représente Marseille mieux que tout autre. « Dans le monde entier, mon cher Panisse, tout le monde croit que les Marseillais se nourrissent de bouillabaisse et d'aïoli. » Cette citation amusante est tirée de *Fanny*, le deuxième volet de la célèbre pièce de théâtre de Pagnol.

Mais attention, la bouillabaisse n'est pas une simple soupe de poisson préparée à la va-vite. Les restaurateurs ont carrément écrit une « Charte de la bouillabaisse » afin de codifier sa recette. Pour découvrir ce plat, je vous conseille de vous rendre dans un restaurant typique du Vieux-Port.

Dans certains restaurants, le poisson arrive entier sur le plat et sera découpé sous les yeux du client. Plusieurs poissons peuvent être utilisés : la rascasse rouge, le Saint-Pierre, le rouget barbet, la vive, le congre, le merlan, la daurade, la galinette, la lotte... La véritable saveur de la bouillabaisse, c'est de boire ce bouillon au fumet et à la saveur inimitables.

Même Astérix et Obélix, dans "Le Tour de Gaule", rapportent de leur voyage à Massilia une bonne bouillabaisse.

BOUILLABAISSE, C'EST UN MOT PROVENÇAL, « BOUIABAISSO », CONTRACTION DES VERBES « BOUILLIR » ET « ABAISSER », CE QUI VOUS DONNE UNE IDÉE DE LA FAÇON DONT IL FAUT CUIRE VOTRE SOUPE DE MER.

La soupe au pistou

C'est un plat qui se fait plus rare au restaurant. Très traditionnel, il est préparé par la « mamma » ou la grand-mère, pour toute la famille. Je suis capable de concocter ma propre soupe au pistou, mais pas avec le même talent que les « anciens ».

C'est un plat qui se prépare avec amour et respect de la tradition.

LE PISTOU, C'EST UN DÉLICIEUX MÉLANGE D'AIL, D'HUILE D'OLIVE ET DE BASILIC. LA SOUPE AU PISTOU EST PRÉPARÉE À BASE DE LÉGUMES DU SOLEIL, DE PÂTES ET DE HARICOTS MULTICOLORES. ELLE PEUT SE DÉGUSTER EN PLAT PRINCIPAL OU EN ENTRÉE.

LA *recette*

Ingrédients pour 4 personnes :

2 litres d'eau ; 250 g de haricots verts plats ; 250 g de haricots blancs frais ; 250 g de haricots rouges frais ; 3 pommes de terre ; 2 tomates ; 200g de gros vermicelles ou coquillettes.

Pour le pistou : 3 gousses d'ail ; un gros pied de basilic ; 1 grosse cuillerée de parmesan râpé ; 4 cuillères à soupe d'huile d'olive.

Dans une marmite...

plongez les haricots verts plats coupés en trois dans 2 litres d'eau, ajoutez les haricots blancs frais, les haricots rouges frais, les pommes de terre coupées en dés et la pulpe des tomates ; assaisonnez et laissez cuire. Aux trois quarts de la cuisson, ajoutez les pâtes et laisser finir de cuire à feu doux jusqu'à ce que la soupe prenne une consistance assez épaisse.

Pendant ce temps, faites votre pistou :

pilez dans un mortier les 3 gousses d'ail avec les feuilles de basilic, puis en tournant le pilon ajoutez le parmesan râpé et arrosez d'huile d'olive. Au moment de servir, mettez la soupe dans une soupière et versez-y le pistou.

Les pieds paquets

J'ai gagné *Un dîner presque parfait* sur M6 avec ce plat. **Merci maman de m'avoir donné la recette !** Les pieds paquets se mangent traditionnellement lors du réveillon de Noël, et sont particulièrement appréciés à Sisteron. C'est assez particulier car il s'agit de tripes de mouton farcies. À l'aide d'un bon vin blanc provençal, on assaisonne de thym, de laurier et d'ail et on laisse mijoter pendant cinq ou six heures. À Marseille, tout le monde connaît les pieds paquets, c'est un plat de famille, qui évoque la fin d'année, les yeux émerveillés des petits, les repas qui durent longtemps. Un plat simple, savoureux, qui fond en bouche. Il nécessite un temps de cuisson assez long, mais est facile à réaliser. On sert généralement ce plat avec des pommes de terres vapeur, nappées de cette sublime sauce qui aura embaumé toute la cuisine.

Les paquets ce sont des tripes d'agneaux, bien lavées, farcies d'un morceau de petit salé, ail, persil, sel et poivre. Les pieds, ce sont des pieds d'agneaux et essentiellement de l'agneau.

–

Les effluves des pieds paquets qui mijotent, c'est signe d'un beau moment de partage et de convivialité à venir. Moi j'adore !

–

La daube provençale

C'est une recette de viande mijotée très classique, mais avec notre petite touche provençale. En effet, la viande est marinée dans du vin (blanc ou rouge) issu des vignobles de Provence. Ensuite on la laisse simplement mijoter. Mais à feu tout doux, tout doux, le plus bas possible.... Pendant des heures et des heures.... Il faut de la patience pour déguster une bonne daube !

ENFIN, IL FAUT SAVOIR QUE PLUS VOUS RÉCHAUFFEZ UNE DAUBE, MEILLEURE ELLE DEVIENT. DONC IL EST CONSEILLÉ DE LA PRÉPARER QUELQUES JOURS À L'AVANCE ET DE LA METTRE AU FRIGO ENTRE PLUSIEURS PASSAGES À FEU DOUX...

À déguster avec un vin rouge qui a du corps et de l'âme.

L'Aïoli

Chaleur, soleil et convivialité… voici trois arômes que l'on peut associer à l'aïoli, mets historique de la Méditerranée

Comme le dit souvent Giuseppa, c'est le repas des journées pétanques. L'aïoli garni est un plat unique très convivial puisqu'il convient très bien à un dîner en famille ou entre amis comme à un grand buffet ou un barbecue en terrasse. Légumes, poisson, fruits de mer si on veut, relevés par une bonne mayonnaise parfumée à l'ail, l'un des ingrédients favoris de Marseille.

En fait, pour ce plat légendaire, il n'y a pas de règle en particulier ni de recette type. Chacun sera libre de se l'approprier en fonction de ses goûts ou des produits de saison. Il existe même quelques expressions liées à l'aïoli, comme par exemple : « Pédaler dans l'aïoli », qui rappelle le « pédaler dans la choucroute » alsacien, ou encore « faire monter l'aïoli » qui signifie faire la fête, mettre l'ambiance, en lien avec l'énergie nécessaire pour « faire prendre la mayonnaise ».

Tomates à la provençale

La spécialité de mon père! Servi dans les plus grands restaurants, ce plat est pourtant d'une grande simplicité. Cuites au four ou revenues à la poêle, de belles tomates du Midi coupées en deux, préparées avec de l'ail, du persil, de la chapelure, de l'huile d'olive… Pour plus de gourmandise, au cœur de la tomate, mon père glisse de l'anchois et de la mozzarella. Et par-dessus, du gruyère pour gratiner.

Incomparable en accompagnement de bonnes grillades au barbecue!

Il existe aussi de nombreux plats à base de poisson, comme la brandade de morue, l'anchoïade ou le thon rouge de Méditerranée. Et s'il vous reste un coup de pastaga, pourquoi ne pas faire de bonnes gambas flambées ?

CHEZ NOUS, LE BARBECUE, C'EST SACRÉ. C'EST TRÈS CONVIVIAL ET CHALEUREUX, À L'IMAGE DE MARSEILLE.

Une autre spécialité de Marseille, c'est le barbecue. Je sais bien qu'on fait des barbecue partout en France, mais pas comme à Marseille, je vous le garantis !

Ici, c'est un moment où on se retrouve en famille, entre amis, une façon de prendre soin de ses proches, de faire plaisir. Toujours au charbon de bois, c'est sacré, ça fait ressortir les épices. Et attention, il ne doit pas y avoir de mistral sinon c'est interdit, on risque de mettre le feu à la forêt. S'il y a trop de vent, on protège le barbecue ou on l'annule.

Pendant que la braise se forme, on fait une partie de pétanque, on parle de l'OM, de tout et de rien. **C'est bon d'être reçu chez les gens,** on vient avec une bonne bouteille de rouge pour accompagner une bonne viande grillée. L'apéro fait partie du barbecue, on boit le pastis, on mange quelques cacahuètes.

Et bien sûr, vous pourrez saupoudrer toutes vos viandes grillées avec les célèbres herbes de Provence, l'épice numéro un à Marseille mais aussi dans la France entière. Idem pour l'huile d'olive et le sel marin provençal.

LES *meilleurs quartiers* POUR SE RÉGALER

Le Vieux-Port

En descendant la corniche Kennedy, on trouve une multitude de restaurants marseillais où l'on déguste du poisson fraîchement pêché.

Le Panier

Entre le quai du Port, la place de la Major et la rue de la République, derrière l'hôtel de ville, le Panier est un quartier typique, où l'on retrouve le véritable esprit de Marseille. Pendant longtemps, les immigrés qui débarquaient à Marseille y posaient leurs valises : les Italiens, les Corses, les Arabes. De cette époque, on ressent encore la douceur méditerranéenne dans les ruelles, les escaliers, les passages étroits de ce quartier charmant. On y déguste du poisson frais dans de petits restos pittoresques, et on y prend un vrai apéro à la marseillaise.

L'Escale

Près de la statue du David qui marque le début des plages du Prado, un lieu incontournable de Marseille en été. Une cuisine fraîche, à base des produits de notre belle Méditerrannée.

Le Vallon des Auffes.

Ce petit port de pêche pittoresque regroupe les meilleurs restaurants typiques de Marseille. Par exemple, l'une des tables incontournables s'appelle Chez Fonfon, près de la plage des Catalans ; il y a aussi Chez Jeannot, qu'il faut découvrir au moins une fois dans sa vie.

Les Goudes

Les Goudes, c'est un quartier de Marseille qui est aussi la porte d'entrée vers les Calanques. La baie est extraordinaire. Les belles plages et leurs eaux cristallines sont paradisiaques, et on y trouve de délicieux restaurants de poissons et fruits de mer, avec une vue unique sur la Méditerranée.

L'Estaque

À une dizaine de kilomètres au nord-ouest du Vieux-Port, l'Estaque est un autre quartier mythique de Marseille. Ruelles entrelacées et maisons aux toits de tuiles rouges dégringolant de la colline... Ce paysage a fasciné de grands peintres comme Cézanne. Il fait bon s'y attabler sur une terrasse ensoleillée.

Ne pas oublier aussi le centre-ville d'Aix-en-Provence et celui d'Aubagne qui proposent d'excellents restaurants. J'invite aussi les touristes gourmands à pousser jusqu'à Ensuès-la-Redonne.

Et pour finir, les treize desserts

Pour respecter ce rituel vieux de plusieurs siècles, il faut prévoir à l'occasion du repas de Noël, de proposer treize desserts aux convives. Douze pour les apôtres et un pour le Christ.

L'idée est que tous ces desserts soient servis en même temps et en abondance sur la table le soir de Noël après le gros souper qui précède la messe de minuit. Ils doivent rester trois jours sur la table et tous les convives doivent goûter à chacun de ces desserts. Même si l'époque a changé et que la tradition de la messe de minuit se perd, le repas de fête reste un moment très important dans la vie des Marseillais.

Les 13 desserts : Les quatre mendiants : les figues sèches, les raisins secs, les amandes, les noix ou noisettes. Les fruits frais : le raisin, le melon d'eau, l'orange ou la mandarine, les dattes, un fruit exotique : kiwi, ananas, mangue...

Les confiseries et les pâtisseries, comme la pompe à huile, un gâteau parfumé à la fleur d'oranger. Traditionnellement, elle est le plat porté par Pistachier (personnage typique de la crèche et de la pastorale provençale). Selon la tradition, il faut rompre la pompe à huile comme le Christ a rompu le pain et ne pas la couper pour ne pas se retrouver ruiné l'année suivante. C'est un moment de partage. Le nougat blanc, aux noisettes, pignons de pins et pistaches ; le nougat rouge à la rose et aux pistaches ; et enfin le nougat noir, du miel fondu qui est cuit avec des amandes.

ALLEZ L'OM !

CHAPITRE 5

L'OM, une religion

DANS LA FAMILLE PAGGINI, ON NE RIGOLE PAS AVEC L'OM. C'EST ANCRÉ DANS NOS GÈNES, DANS NOTRE SANG.

Un cousin de mon père, Gérard Paggini, a joué à l'Olympique de Marseille lors de la saison 1964/65, en Division 2. Gérard a disputé six matchs (540 minutes de temps de jeu) et peut se targuer d'avoir inscrit un but. J'en parle souvent avec mon papa. Quelle fierté !

Mon guide n'est pas un livre d'histoire mais je voulais quand même vous rappeler le nom du fondateur de l'Olympique de Marseille, en 1899, car il me fait toujours rire : **René Dufaure de Montmirail**. Si vous connaissez vos classiques du cinéma français, vous avez probablement souri en lisant ce nom.

À jamais les premiers.

L'OM restera pour toujours le premier club français à avoir remporté la plus grande et la plus belle des coupes d'Europe, le 26 mai 1993, contre Milan.

À l'heure où j'écris ces lignes, le Paris Saint-Germain a encore été ridiculisé en huitièmes de finale, éliminé par le Bayern Munich. À jamais les premiers, nous sommes les seuls ! Les Parisiens auront beau continuer à acheter les plus grands joueurs (Messi, Neymar et Mbappé), ils n'égaleront jamais l'OM, qui a laissé quoi qu'il arrive une trace considérable dans l'histoire du football tricolore.

Année après année, on jouit de les voir échouer dans leur quête d'obtention de la coupe aux grandes oreilles. La Ligue des champions, c'est le graal pour n'importe quel club en Europe. À Marseille, c'est le symbole de notre grandeur. Si vous achetez le maillot de l'OM à la boutique du Stade-Vélodrome, vous remarquerez l'étoile au-dessus du logo. C'est l'étoile de 1993. L'AS Saint-Étienne est le seul autre club français à avoir tissé un astre au-dessus de son logo, mais c'est pour célébrer ses dix titres de champion de France. L'OM, de son côté, affiche neuf titres de champion.

Comme dit mon père, on regarde le PSG en Ligue des champions pour les voir perdre !

L'ORANGE VÉLODROME EST MA DEUXIÈME MAISON.
LES MINOTS APPRENNENT LES CHANTS DE SUPPORTERS DE L'OM DÈS LE PLUS JEUNE ÂGE.

À une certaine époque, la noblesse française revendiquait du sang bleu. Nous, Marseillais, savons que dans nos veines coule du sang bleu et blanc, les couleurs de l'Olympique de Marseille. Le blanc, pour la pureté. Le bleu, pour la mer.

MON PÈRE ME
FAISAIT RÉPÉTER
DANS LA VOITURE :
AUX ARMES !
NOUS SOMMES LES
MARSEILLAIS !
ET NOUS ALLONS
GAGNER
ALLEEEEEEEEEEEEEZ
L'OM !
ALLEEEEEEEEEEEEEZ
L'OM !

L'OM, C'EST NOTRE RELIGION.

ON NAÎT AVEC. C'EST AUTOMATIQUE. SI TU NAIS MARSEILLAIS, TU SUPPORTES L'OM. IL N'EXISTE AUCUNE EXCEPTION, GARÇON OU FILLE. DANS LES RUES DE MARSEILLE, ÇA PARLE OM, ÇA MANGE OM, ÇA RESPIRE OM. LORS D'UN LENDEMAIN DE DÉFAITE, LA VILLE EST TRISTE ET LA SEMAINE GÂCHÉE. APRÈS LA DÉFAITE CONTRE ANNECY EN QUARTS DE FINALE DE COUPE DE FRANCE, MARSEILLE EST RESTÉE SOUS L'EAU PENDANT PLUSIEURS JOURS, NOYÉE PAR DES LARMES DE CHAGRIN ET D'INCOMPRÉHENSION. LES MATCHS DE NOTRE ÉQUIPE ONT TOUJOURS UNE INCIDENCE SUR NOTRE MORAL ET NOTRE HUMEUR. LE FOOT, CHAQUE RENCONTRE EST VÉCUE COMME UNE BATAILLE POUR L'HONNEUR DU PEUPLE MARSEILLAIS.

Le lendemain d'un match, chaque Marseillais se transforme en analyste. Pourquoi l'entraîneur a-t-il choisi de jouer en 4-3-3 ? Pourquoi n'a-t-il pas fait entrer un attaquant supplémentaire en fin de match ? Pourquoi est-ce qu'on joue aussi mal ? Si tu te balades sur le Vieux-Port, c'est hilarant : chaque supporter que tu croises se prend pour l'entraîneur de l'OM. On est des fous ! On met une énorme pression sur les épaules des joueurs. Cependant, je me moque qu'ils soient Ballon d'or ou internationaux... tant qu'ils mouillent le maillot et vont au charbon ! Interdiction de faire sa trompette sur le terrain. C'est tout ce qui compte. **Défendre l'uniforme marseillais. Jouer avec de la hargne, avec la gagne. Se dépasser, se surpasser.**

Quand je suis au stade ou devant ma télévision, je veux voir les joueurs se transcender, qu'ils me donnent l'impression qu'ils sont nés à Marseille et qu'ils ont toujours idolâtré l'OM, comme moi.

Qu'ils soient Brésiliens, Serbes ou Albanais. Un Parisien qui signe chez nous, en arrivant, doit comprendre qu'il est là pour défendre les couleurs de Marseille avec amour et fierté. Il doit prouver sa valeur et gagner notre confiance.

UN MATCH AU VEL', C'EST COMME UNE JOURNÉE À DISNEYLAND.

LES CHANTS, LES ÉTENDARDS, LES TIFOS, C'EST L'ÉMERVEILLEMENT. NOTRE PUBLIC EST LE MEILLEUR DU MONDE. D'AILLEURS, NOUS AVONS DES SUPPORTERS DANS LE MONDE ENTIER.

Je déteste les périodes de mercato,

quand j'apprends que l'un de nos joueurs quitte l'OM pour rejoindre un club rival : PSG, Lyon, Bordeaux, Nice, Saint-Étienne, Toulon… C'est inacceptable ! Dès son retour au stade, on va le siffler et le huer.

Quand un journal évoque la possible signature de Zinedine Zidane en tant qu'entraîneur du Paris Saint-Germain, je manque de m'étouffer. Ce serait une véritable catastrophe ! Zizou, le meilleur joueur du monde, un Marseillais, notre Dieu, à Paris ? Impossible ! Quand la rumeur enfle, la ville ne parle que de ça. Je ne comprendrais pas qu'il accepte. À Marseille, on est très chauvins. **C'est notre Zidane, il est à nous.**

Le jour du match, je retrouve les collègues dans l'après-midi. On joue aux boules, aux cartes, et on partage un petit apéro autour d'une bonne pizza. On consulte la composition d'équipe annoncée en se mettant – déjà – dans la peau de l'entraîneur. **On débat, on s'enflamme, et surtout, on y croit toujours.** Que l'on affronte Angers, le PSG, le Barça ou Manchester City, je ne m'attends jamais à perdre. Jamais. Un Marseillais part toujours « vainqueur », dans un esprit ultra-positif. Droit au but ! Fidèles à notre devise. Marseille, c'est du show. **Au moindre but, on s'étreint, on lève les bras, on hurle de bonheur.** C'est tellement beau qu'il faudrait nous filmer et diffuser ces images au ralenti. Il y a des sourires à en revendre, et nos dentistes pourraient inspecter toutes nos canines. On se croirait dans le film *Monstres et compagnie.* C'est magique, fabuleux, sensationnel.

L'OM A COMPTÉ DANS SES RANGS DE TRÈS GRANDS JOUEURS, DES BUTEURS, DES FOOTBALLEURS À LA FORTE PERSONNALITÉ. MES IDOLES ? DIDIER DROGBA, FABRIZIO RAVANELLI, BASILE BOLI, JEAN-PIERRE PAPIN, MAMADOU NIANG, ANDRÉ-PIERRE GIGNAC.

Je veux évidemment rendre hommage à **notre « Boss » éternel, Bernard Tapie,** le président de l'OM qui a soulevé la coupe aux grandes oreilles. Pape Diouf, aussi, a fait beaucoup de bien à notre club quand il en a pris la présidence.

Beaucoup d'entraîneurs nous ont fait vibrer, et notamment Marcelo Bielsa. Assis sur sa petite glacière pendant chaque match, l'Argentin avait le profil du coach qui donne de l'amour et qui s'empare de l'âme phocéenne. L'OM, il faut le respecter. Et Bielsa avait tout compris. Avec son survêtement, il ressemblait à l'entraîneur des moins de 13 ans mais il était comme chez lui à Marseille. Et il le sera toujours.

À L'ENTRÉE DES JOUEURS, L'HYMNE DU VÉLODROME RETENTIT POUR HÉRISSER NOS POILS : « JUMP » DE VAN HALEN. LE MEILLEUR SON DU MONDE ! VINGT ANS QUE JE L'ENTENDS DEUX FOIS PAR MOIS ET JE NE M'EN SUIS JAMAIS LASSÉ.

UN MATCH AU VÉL, C'EST UNE FÊTE. ET SI ON PERD, IL FAUT PERDRE AVEC LE CŒUR. J'AIMERAIS ATTENDRE LES JOUEURS À LA PORTE DU VESTIAIRE ET ESSORER CHAQUE MAILLOT, AFIN DE VÉRIFIER S'IL EST BIEN TREMPÉ.

TOI T'ES UN BON, ON SCANDERA TON NOM SAMEDI PROCHAIN !
TOI, TU FAIS SEMBLANT, T'AS RIEN À FAIRE À L'OM, TU PEUX REPARTIR À NEWCASTLE.

–

Autour du Stade Vélodrome,
avant les matchs, l'ambiance est merveilleuse.
Il n'y a jamais de bagarres entre les Marseillais.
Nous sommes un peuple uni et joyeux.

–

IL EXISTE PLUSIEURS *groupes de supporters* RÉPARTIS DANS LE STADE :

les South Winners, les Fanatics, les MTP (Marseille Tout Puissant), les Amis de l'OM, les Ultras, les Handi Fan club, les Dodgers. Personnellement, j'ai longtemps été un membre des Yankee, un groupe aujourd'hui dissous. Je suivais l'OM en déplacement, en bus, du Parc des Princes au Stade Gerland, en passant par Chaban-Delmas et le Stade du Ray. Désormais, je profite d'une belle loge au Vélodrome afin de me régaler avec chaque match en famille ou avec les copains.

–

L'OM, c'est une nation. Une et indivisible.

–

Désolé pour tous les Lyonnais qui ont acheté ce guide, mais je ne suis pas là pour vous mentir : il faudrait songer à amender le nom de votre club. Il n'existe qu'un seul Olympique, et c'est l'Olympique de Marseille. Pourquoi n'essayeriez-vous pas le FC Lyon ? Je déteste le terme « Olympico » inventé par Canal+ pour promouvoir le choc Marseille-Lyon en Ligue 1. C'est insupportable...

AVANT CHAQUE DÉBUT DE SAISON, J'ACHÈTE LE NOUVEAU MAILLOT DE MON ÉQUIPE.

À Noël, tous nos sapins sont garnis de survêtements, d'écharpes, de livres, de calendriers à l'effigie de l'Olympique de Marseille. Je ne serais pas étonné d'apprendre que le père Noël dispose de bureaux à la Commanderie, le centre d'entraînement de l'OM.

GIUSEPPA EST NÉE DANS LE NORD DE LA FRANCE, MAIS JE N'AI EU AUCUN MAL À LA CONVERTIR À L'OM. AU VÉL', ELLE SE RÉGALE ET ELLE EST À FOND !

DÈS SA NAISSANCE, J'AI COMMENCÉ À CHANTER À NOTRE FILLE LES HYMNES DE L'ORANGE VÉLODROME.

Quand je bois l'apéro avec les supporters devant le stade, je rencontre des gens venus de la France entière, qui n'hésitent pas à endurer deux ou trois heures de route avant et après chaque match. À l'extérieur, les tribunes sont remplies de spectateurs expatriés vêtus de bleu et de blanc. Quand Marseille marque un but, on voit des gens se lever à n'importe quel endroit du stade. Que ce soit à Nantes, à Metz ou à Toulouse, ça ne rate jamais. Amusez-vous à regarder...

Même à l'étranger : j'ai beaucoup voyagé, mais dans chaque pays que j'ai visité, j'ai toujours trouvé un bar de supporters de l'OM pour regarder le match ! Une légende prétend même que dans la cellule d'une prison chinoise, un détenu aurait gravé « Allez l'OM » sur les murs...

> L'OM ne laisse personne indifférent. Soit tu es un fanatique inconditionnel de l'OM, soit tu les détestes.

AVEC HOLLIS L'INFÂME, BENGOUS ET ELAMS, J'AI COMPOSÉ UN MORCEAU QUI S'APPELLE « ALLEZ L'OM ».

DANS LE CLIP DE CET HYMNE À NOTRE CLUB, ON ME VOIT SUPPORTER MON ÉQUIPE ET BRÛLER UN CIERGE À NOTRE-DAME DE LA GARDE.

MARSEILLE, MA VILLE, JE T'AIME, JE PORTE TON EMBLÈME, TES COULEURS DANS MON CŒUR, ET QUAND VIENT LE WEEK-END, AU VEL', MARSEILLE, JE CHANTE POUR TON CLUB, ALLEZ L'OM...

Désormais, le rappeur Marseillais Jul' collabore avec l'OM avec « D'or et de platine ». Ce qu'il fait est fantastique.

Les Marseillais chantent en boucle « Bande organisée ».

Je me souviens aussi de l'année 2018, quand nous avons joué la finale de la Ligue Europa à Lyon.

Quelques semaines avant le match, absolument tout le monde, je dis bien TOUT LE MONDE chantait EN PERMANENCE dans les rues de Marseille, la chanson suivante :

Jean-Michel Aulas, on va tout casser chez toi !
Jean-Michel Aulas – Jean-Michel Aulas
On va tout casser chez toi !

Quel buzz ! Quelle ferveur ! Quelle folie !

Les expressions

DANS LE COULOIR D'ENTRÉE DES JOUEURS AU STADE VÉLODROME, UNE EXPRESSION MARSEILLAISE EST INSCRITE EN GRANDES LETTRES : *ON CRAINT DEGUN !*

CELA SIGNIFIE : NOUS N'AVONS PEUR DE PERSONNE.

Je ne vais pas retranscrire ici les nombreuses insultes que nous crions pendant les matchs, mais j'aimerais préciser quelque chose : les injures, on ne les pense pas. On n'insulte pas l'arbitre ou l'adversaire au premier degré. C'est de l'exagération. Comme le dit souvent l'humoriste Patrick Bosso, à Marseille, on remplace les virgules par « Putain » et les points par « Enculé ». **Notre ponctuation est à l'image de notre caractère et de notre vie : démesurée.**

À Marseille, le racisme et l'homophobie n'existent pas. Je ne vous mens pas. J'arpente ce stade et cette ville depuis que je suis né alors je peux me permettre de l'affirmer.

Marseille est une ville unie, cosmopolite. Les discriminations n'y ont pas leur place.

L'Olympique de Marseille revendique l'un des plus beaux palmarès du football français, avec l'AS Saint-Étienne, le Paris Saint-Germain ou encore le FC Nantes. L'OM a remporté neuf championnats de France (1937, 1948, 1971, 1972, 1989, 1990, 1991, 1992, 2010), et même dix, si l'on compte le titre de 1993 retiré après la triste affaire OM-VA. En parallèle, le club bleu et blanc a soulevé 10 coupes de France, 3 coupes de la Ligue et 1 coupe Charles-Drago. Sur le plan européen, l'OM a remporté la Coupe des clubs champions en 1993 et disputé plusieurs finales continentales : coupe des clubs champions 1991 (perdue aux tirs au but contre l'Étoile rouge Belgrade), coupe de l'Uefa 1999 (Parme), 2004 (Newcastle) et 2018 (Valence). Sous la présidence de Robert Louis-Dreyfus, Marseille remporte aussi la Coupe Intertoto en 2005.

ON
CRAINT
DEGUN !

Chapitre 6

Les ambassadeurs de Marseille

MARSEILLE EST LA VILLE DU SOLEIL,
DE LA JOIE DE VIVRE, DE LA PÉTANQUE ET DU PASTIS.
MAIS SI MARSEILLE EST UNE VILLE DE CARTE POSTALE,
ELLE REVENDIQUE AUSSI LES PLUS BELLES SIGNATURES.

DEPUIS PLUS D'UN SIÈCLE, LA CITÉ PHOCÉENNE BRILLE DANS LE MONDE ENTIER GRÂCE À DES AMBASSADEURS HORS DU COMMUN.

HIER, C'ÉTAIT FERNANDEL ET PAGNOL. AUJOURD'HUI, C'EST JUL. ET DEMAIN, UN MARSEILLAIS RAVIRA À NOUVEAU LE BALLON D'OR, APRÈS CELUI DE ZIZOU EN 1998 ?

CETTE PROFUSION ARTISTIQUE, CULTURELLE ET SPORTIVE CONTRIBUE GRANDEMENT À LA RENOMMÉE INTERNATIONALE DE MARSEILLE.

Au xxe siècle, tous les écoliers Français lisaient les livres de Marcel Pagnol, et notamment le plus connu : *La Gloire de mon père*, un roman autobiographique qui raconte l'enfance de Marcel à Marseille et ses vacances à La Treille.

Pendant ce temps, un Marseillais brillait à Bobino et au Casino de Paris, avant de triompher dans les cinémas du monde entier, dans le rôle de *Don Camillo* : **Fernandel**. C'est une légende de Marseille, pour qui j'ai un profond respect. Fernandel, qui était admirablement drôle, avait coutume de dire : « Le pastis, c'est comme les seins. Un, c'est pas assez. Trois, c'est trop. » (tiré du livre *Fernandel m'a raconté* de Raymond Castans) On se souvient aussi de sa tirade dans *Le Schpountz*, l'un de ses films les plus célèbres, par ailleurs réalisé par Marcel Pagnol : « Je ne te dis pas que tu es un bon à rien, mais que tu es mauvais en tout ! »

JE CONNAIS
PAR CŒUR LA
PREMIÈRE PHRASE :
« JE SUIS NÉ DANS
LA VILLE D'AUBAGNE,
SOUS LE GARLABAN
COURONNÉ DE
CHÈVRES, AU TEMPS
DES DERNIERS
CHEVRIERS. »

— Aujourd'hui, Marseille est connue comme la capitale du rap français. —

Tous les plus grands rappeurs sont issus de nos quartiers : Akhenaton, Jul, Soprano, Alonzo, DJ Kheops, Soso Maness, Naps, Elams, SCH, Kofs… C'est incroyable ! Un titre regroupe la plupart de ces vedettes marseillaises : *Bande organisée*, morceau exceptionnel à l'origine de l'expression « Marseille bébé », reprise par la ville tout entière, au point d'avoir été inscrite dans les tribunes du stade Vélodrome après une victoire contre le PSG.

Jul

Originaire du quartier Saint-Jean-du-Désert (XIIe arrondissement) est le rappeur numéro un en France. Pour les Marseillais, c'est une légende. Micro en main, c'est une machine de guerre, qui m'impressionne beaucoup. Ce qu'il fait avec son propre label, *D'or et de platine*, est admirable. À seulement trente ans, et alors que l'industrie du disque est en crise, il est devenu le plus grand vendeur de l'histoire du rap hexagonal. Vous connaissez forcément ses meilleurs sons : *La bandite, La street, Europa, Cœur blanc…*

LES ARTISTES PHOCÉENS SAVENT AUSSI CHANTER AUTRE CHOSE QUE DU RAP : PATRICK FIORI (QUI A FAIT UN TUBE EN APPELANT UN MORCEAU *MARSEILLE*) ET MARINA KAYE SONT LÀ POUR LE PROUVER.

Les ambassadeurs de Marseille sont aussi les joueurs de l'Olympique de Marseille. C'est pour cette raison que nous sommes si exigeants avec eux, quels qu'ils soient. Certains des plus grands joueurs de l'OM sont nés à Marseille (Éric di Meco, Samir Nasri) ou dans le Sud (Pascal Olmeta, Franck Sauzée), ou pas forcément : Jean-Pierre Papin, notre serial buteur, est entré dans

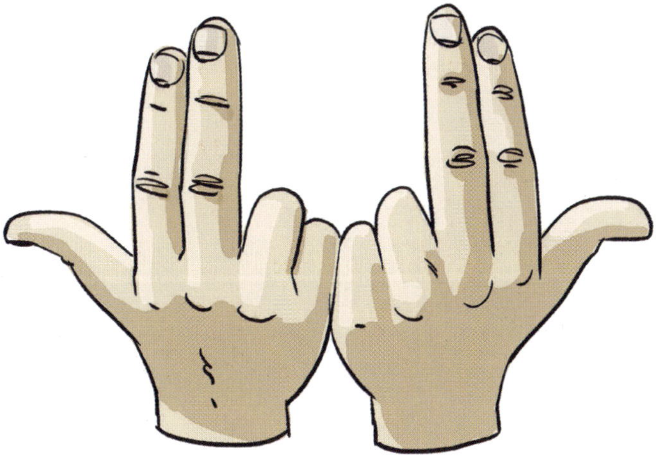

la légende de l'OM en rapportant le Ballon d'or sur la Canebière, en 1991. Cette année-là, nous avions perdu la finale de la Coupe d'Europe des clubs champions aux tirs au but, face à l'Étoile rouge de Belgrade. Hélas, l'avant-centre est parti réaliser ses papinades en Italie, au Milan, et nous avons gagné la coupe d'Europe sans lui, mais avec notre nouveau héros : Basile Boli, à jamais le premier à offrir une étoile à un club français. Basile, je t'envoie un énorme bisou et un merci éternel pour ton coup de casque exceptionnel en finale !

UN PARISIEN PEUT MÊME DEVENIR AMBASSADEUR DE MARSEILLE, À CONDITION DE S'EMPARER DES CODES DE NOTRE VILLE COMME L'A FAIT BERNARD TAPIE.

Ce dernier a tout compris et c'est grâce à lui que l'OM a connu tant de succès dans les années 90. Son voilier de luxe s'appelait Le Phocéa.

Les ambassadeurs de Marseille sont aussi à la télévision : qui n'a jamais regardé une émission présentée par Jean-Pierre Foucault ? Qui ne s'est jamais amusé de l'accent chantant de notre ancien maire Jean-Claude Gaudin ?

Et bien sûr, il y a les Marseillais de W9...

Thibault Kuro Garcia

Les Marseillais de W9 : « Paga est le garant de l'identité marseillaise pour les générations à venir »

« Marseille est la ville qui m'a vu naître puis grandir, la ville de mon cœur, de l'Olympique de Marseille, de la Bonne-Mère et de l'Estaque. C'est la cité des Hommes à l'accent chantant, ce merveilleux accent provençal qui – hélas – se perd petit à petit.

***Marseille est la ville du soleil et du sourire.** Mon image de la cité phocéenne, c'est un tournoi de pétanque en bord de mer, un verre de pastis, et la sympathie des gens, surtout les "petits vieux" qui jouent aux boules, heureux, se contentant d'un petit rien.*

Marseille, c'est la ferveur démesurée.

On est comme les Corses. On n'est pas Français, on est Marseillais. Chaque personne a le cœur imprégné de cette culture. Je n'ai jamais entendu dire un Marseillais qu'il supportait le PSG, alors qu'on trouve dans n'importe quelle ville de France – y compris Paris – des supporters de Marseille. Dès le plus jeune âge, on nous inculque que Marseille est gravé dans notre cœur, et que ça ne changera jamais.

Paga a tous les critères du Marseillais véritable : il boit du pastis, il joue aux boules, il ne rate aucun match de l'OM, il n'envisage pas de déménager, il traîne au bistrot pendant des heures. Toute sa vie, il ne cessera de représenter Marseille. ***Paga est le garant de l'identité marseillaise pour les générations à venir.*** *Grâce à tout ce qu'il fait, il est en train de sauver l'accent provençal, menacé d'extinction. Pour maintenir une espèce en danger, il faut toujours qu'un animal subsiste pour assurer la reproduction. Paga, c'est l'ours de Marseille !*

> Nous étions jeunes et innocents, c'était le plus beau des tournages, sans vice, sans business.

Je me souviens de ma participation aux Apprentis aventuriers *avec Paga. Nous étions tous les deux très proches, dans la galère. C'était un super moment. Surtout, je n'ai pas oublié le début des* Marseillais de W9, *quand on s'est tous retrouvés dans cette maison de Miami. Aucun d'entre nous n'avait jamais voyagé. »*

MON *spot* PRÉFÉRÉ

Les Goudes.

Quand j'étais plus jeune, j'adorais me garer face aux rochers et déguster mon hamburger-frites face à la mer !

MES *expressions* FAVORITES

Tarpin | Mon vier | Bonne-Mère !

Surtout, je n'ai jamais perdu le « in » de fin de phrase. Désormais, je vis à Dubaï. Mon fils a donc grandi à l'autre bout du monde, sans jamais vivre à Marseille. Pourtant, lui aussi a l'accent marseillais, à force d'écouter ses parents !

Bengous

Oueskon va keskon fait !

Bengous est un youtubeur, influenceur, chanteur. Grâce à ses vidéos et son slogan « Oueskon va, Keskon fait », il est devenu une des personnes incontournables de Marseille. Surtout, c'est mon pote, mon frère ! Je lui laisse quelques lignes pour dévoiler son Marseille à lui…

« *Paga, mon frère, dit souvent que Marseille, c'est un pays tout entier. Je ressens la même chose que lui.* **Notre ville, c'est une culture à part entière.** *Comment exprimer avec force ce que représente Marseille ? J'aime tant ma cité natale que j'en perds mes mots. Dès la naissance, nous sommes différents des autres Français. Quand on naît Marseillais, c'est plus fort que tout. Je sais que beaucoup de gens sont tombés amoureux de notre ville en s'y installant, car elle est plus ensoleillée, plus « détente » que les autres. Nous, on ne se prend pas la tête. Jamais. Métro-boulot-dodo, on ne connaît pas. Si vous comparez cette vie avec celle d'un travailleur Parisien, la jalousie peut poindre à la vitesse de l'éclair. C'est le jour et la nuit. Deux vies différentes.*

**MALGRÉ TOUT,
POUR COMPRENDRE
LA VRAIE PUISSANCE
DE MARSEILLE,
IL FAUT ÊTRE NÉ
SUR CETTE TERRE
ET AVOIR GRANDI ICI
POUR LE RESSENTIR
PLEINEMENT.**

Bien sûr, nous sommes les spécialistes de l'exagération, l'extrapolation. **Si tu me demandes quelle est la capitale de la France, je te réponds : MARSEILLE !** *Une certaine part de moi le dit pour plaisanter, mais d'un autre côté, je le pense. D'ailleurs, Marseille a failli être la capitale de la France.*

Chaque Marseillais est particulier. Grâce à son accent chantant, il fait sourire n'importe quel touriste. Quand on écoute une histoire, ne vaut-il pas mieux cent fois écouter la voix d'un type du Sud plutôt qu'un mec de Paris ? Les intonations n'ont rien à voir.

Comme Paga et tous les Marseillais, je suis un supporter inconditionnel de l'OM. Ceux qui regardent mes vidéos connaissent ma façon d'exprimer cette passion irrationnelle. C'est une folie qui ne s'explique pas. Quand tu nais à Marseille, tu nais olympien et bandeur de l'OM. Déjà, c'est automatique. Obligé ! Il doit bien exister quelques spécimens rares qui préfèrent le rugby ou le tennis, mais bon... On est tous plongés dans le bain de ce club historique, l'un des plus grands clubs européens. Nous avons eu le bonheur de décrocher cette première étoile en 1993, qui nous a emmené sur le toit du continent. Je défie n'importe quelle ville de France de tutoyer notre degré de ferveur. Bien sûr, nous connaissons la passion des Lensois, celle des Stéphanois. Mais c'est différent. L'Olympique de Marseille est à part, sans qu'il y ait d'explication rationnelle. Nos couleurs sont dans nos gènes.

Dans nos veines coule du sang bleu et blanc... ou du pastis !

Avec Paga, j'ai composé un morceau qui s'appelle « Allez l'OM », écouté plus d'un million de fois sur internet. Le refrain est désormais repris dans les chants des virages du Vélodrome... quelle fierté !

Paga est un emblème de la cité phocéenne. Qui ne connaît pas le petit Paga des Marseillais ? À travers la télévision, il fait partie de notre quotidien. Il n'a jamais cessé de revendiquer son appartenance à Marseille. C'est une bonne personne qui n'a jamais changé, malgré sa popularité grandissante. Paga est toujours là pour amuser la galerie, la main sur le cœur. Les gens le chérissent. C'est LE Marseillais. Et contrairement à ses collègues de l'émission, il n'est pas parti vivre à Dubaï. »

MES *expressions marseillaises* FAVORITES

Oueskon va keskon fait.

Je me suis tellement posé cette question quand j'étais jeune, avec mes collègues, que j'ai décidé d'en faire mon slogan, ma marque.

S'faire encadrer le PSG

(à prononcer P-Esseu-G) ! Ma phrase favorite des jours de Classico, version plus polie et plus douce de l'insulte que tout le monde connaît.

On craint dégun.

On a peur de personne ! Dans une journée, je prononce très souvent le mot « dégun ».

Oh, mon vier !

« Vier » désigne le sexe de l'homme, mais on l'utilise comme expression pour désigner quelqu'un.

MON *fief*

Mon spot préféré de Marseille, c'est mon terrain de boules, entre collègues. Quand je ne travaille pas, j'y prends le soleil, un petit verre. C'est un endroit important pour moi car c'est là où tout a commencé. J'y ai fait mes premiers débriefs des matchs de l'Olympique de Marseille en vidéo. Pour les matchs de l'OM, c'est devenu un endroit culte. Avant les matchs au Vélodrome, beaucoup de supporters viennent y prendre l'apéro. Si vous souhaitez y faire un tour, c'est le club de boules de Saint-Giniez, tout près du Stade Vélodrome.

Patrick Bosso

À Marseille, le roi de l'humour s'appelle Patrick Bosso. Quand j'étais adolescent, mon père m'avait montré la vidéo de l'un de ses sketchs. Hilarant ! Depuis lors, je n'ai jamais cessé de suivre sa carrière, de l'Olympia aux salles de cinéma. C'est un grand honneur pour moi de lui céder ma plume afin qu'il nous dévoile « son » Marseille.

« Paga a raison en écrivant : Marseille, plus qu'une ville, un pays. Je n'ai pas d'explication rationnelle à ce sentiment, mais je suis fier d'être marseillais. Je me souviens d'une anecdote. La mère de ma fille, qui n'est pas marseillaise, était très étonnée lors de sa première visite dans la cité phocéenne. Elle s'interrogeait sur le nombre d'autocollants Fier d'être marseillais apposés au dos des voitures.

– Mais vous êtes fiers de quoi ?

– D'être Marseillais.

– Oui, mais plus précisément ?

– Fiers d'être Marseillais, c'est tout. Ça suffit.

– Non, mais quand on est fiers, il y a quelque chose, une action, une prouesse, une tradition... par exemple, on peut être fier d'avoir gravi une montagne.

– Nous, on est fiers d'être Marseillais.

Je m'amuse toujours en repensant à ce dialogue de sourds. Si l'on part de ce postulat, on peut clairement affirmer qu'il y a les Marseillais et les autres.

Marseille, c'est le bord de mer, un état d'esprit unique, un passé datant de plusieurs siècles… Notre ville a souvent défrayé la chronique. Marseille est toujours dans l'extrême, soit première, soit dernière. On l'aime ou on la déteste. Rien n'est jamais mesuré. Marseille n'est pas une ville tiède.

Quand je suis sur scène ou à la télévision, les spectateurs me reconnaissent à travers mon accent provençal, mais cela n'a jamais été un calcul. Il fait partie de moi. J'ai compris que j'avais un accent le jour où je suis monté à Paris. Auparavant, je ne m'en étais jamais aperçu ! Dans le métier, on m'a aussitôt collé cette étiquette. Dès que je suis invité dans une grosse émission – celles de Drucker, Arthur, Nagui… – on me présente ainsi : ce soir nous recevons l'humoriste marseillais Patrick Bosso. *Honnêtement, je n'ai jamais entendu un animateur débuter son sommaire en lançant :* nous accueillons Laurent Gerra, l'imitateur de Bourg-en-Bresse ! *Avec moi, c'est systématique !*

> Marseillais, c'est ma nationalité. On en revient au titre du livre de Paga.

Toutefois, l'accent ne suffit pas pour faire rire. S'il n'y a pas un propos qui l'accompagne, les gens n'adhèrent pas. En revanche, ***mon accent a eu le mérite de m'offrir une identité dans le panel des humoristes français.***

Évidemment, je suis supporter de l'OM. À Marseille, je ne connais personne qui ne soutient pas le club phocéen. J'adore le football. Cette saison, je n'ai pas manqué un seul match au Vélodrome. Je suis un olympien ! »

EN 2016, J'AI JOUÉ DANS *MARSEILLE*, UNE COMÉDIE DE KAD MERAD. CE DERNIER VOULAIT ABSOLUMENT RÉALISER UN FILM SUR LA CITÉ PHOCÉENNE. J'AI PRÊTÉ MA COLLABORATION À L'ÉCRITURE EN APPORTANT MES CONNAISSANCES DE LA VILLE. ET ON A FAIT PRÈS DE 800 000 ENTRÉES, MALGRÉ UN TOUT PETIT BUDGET ! CONTRE TOUTE ATTENTE, ON N'A PAS ÉCRIT UNE GROSSE COMÉDIE QUI VÉHICULE LES CLICHÉS DE MARSEILLE. C'EST UNE COMÉDIE À L'ITALIENNE. ON RIT ET ON PLEURE EN MÊME TEMPS, CE QUI EST UN EXCELLENT RÉSUMÉ DE LA VIE QUOTIDIENNE DE NOTRE VILLE.

MON *spot* PRÉFÉRÉ

À Marseille, je suis bien partout, à condition d'y être accompagné de mes amis. Là où il y a des potes, c'est mon spot ! Les Goudes, Endoume, le Panier, le Vieux-Port, le Vallon… tout ça, c'est chez moi.

Je suis né à la Belle de Mai, dans un vieux quartier de Marseille, dans la même maternité que Zinedine Zidane. C'est l'une de mes grandes fiertés. Malheureusement, je n'ai pas eu son pied droit… ni son pied gauche, ni sa tête, ni son compte en banque !

Dans les années soixante-dix, mes parents ont déménagé dans les cités des quartiers Nord, et j'y ai grandi. HLM Les Lauriers, XIIIe arrondissement. Dans les médias et dans l'imaginaire des gens, cet endroit est souvent dénigré avec de nombreux clichés. Quand on m'en parle, je tente toujours le parallèle avec Rio, au Brésil, où plusieurs millions de personnes vivent dans les favelas. Favelas, c'est un mot qui fait peur. Les gens imaginent que le simple fait de traverser un bidonville brésilien les mettrait en danger. En réalité, dans une favela, il y a cinquante fadas et cinq mille personnes qui travaillent honnêtement. Les Quartiers Nord de Marseille, c'est la même chose. Ce qu'il convient de dire avant tout, c'est que les Marseillais des cités vivent dans la misère. Plus cette misère s'accumule, plus il est difficile de s'en sortir. Bien sûr, il y a de plus en plus de trafic de drogue, et c'est un fait malheureux. Mais il existe aussi des familles avec des gens qui travaillent, qui se démènent pour s'en sortir. J'ai connu cette vie dans mon enfance. Quand j'étais gamin, les ascenseurs de l'immeuble étaient constamment en panne. On devait grimper à pied jusqu'au treizième étage, et passer par le toit pour rentrer dans notre minuscule appartement. Ça, c'était il y a quarante ans ! Je vous laisse imaginer le bazar aujourd'hui…

À l'âge de 16 ans, j'ai déménagé dans le Panier, le repaire de mon adolescence. C'est le plus vieux quartier de Marseille.

MES EXPRESSIONS FAVORITES

Plus qu'une expression particulière, j'aimerais souligner la capacité des Marseillais à se donner des personnages. Chez nous, il est impossible de conserver un prénom normal. Anthony Paggini, tout le monde l'appelle Paga! Hormis ma mère, on ne m'a jamais appelé Patrick. ***À l'école ou dans la rue, on m'appelait Bosse.*** *Et cela ne s'est jamais arrêté. Tout au long de leur vie, les Marseillais sont définis par leur surnom ou leur aspect physique : Jean devient Jeannot, Thierry devient Riri, Marc devient Marco. Et si Jeannot a le ventre un peu arrondi, on le nommera* ***Jeannot-ventre****. Il peut aussi y avoir* ***Raymond-qui-a-un-pied-de-travers****. Cette habitude me fait beaucoup rire. Les Marseillaises et les Marseillais ont cette faculté de voir aussitôt le « truc qui cloche » chez une personne, pour en faire un surnom. Récemment, mon voisin m'a expliqué l'origine de son sobriquet. Tous ses amis l'appellent « Parisien ». Pourtant, il est aussi Marseillais que moi!*

– Pourquoi t'appellent-ils « Parisien » ? T'y es né à Paris?

– Peuchère, non! J'y suis monté une seule fois, et depuis ce jour-là, tout le monde m'appelle Parisien.

Je vous garantis que c'est une histoire vraie. En fait, mon voisin avait tellement raconté ses vacances à Paris à tous ses amis, en insistant et en enjolivant un peu, que cette étiquette lui a été collée à la peau, en guise de moquerie amicale.

Je suis toujours bluffé par le talent des Marseillais pour trouver des images. Avec tous ces noms de personnages, on a parfois l'impression de vivre dans une pièce de théâtre. ***Aujourd'hui, Grosse Tête vient nous voir avec Bras Court.***

Fada, ce n'est plus une ville, c'est un cirque!

Même si Bras Court n'a finalement pas un bras si court que cela, son surnom s'est répandu si vite qu'il lui restera toute sa vie. Ses enfants et petits-enfants l'appelleront ainsi, jusqu'au curé le jour de son enterrement. »

Pascal Olmeta

Ancien gardien de but de l'Olympique de Marseille. Champion d'Europe 93, finaliste coupe d'Europe 91, double champion de France 91 et 92.

« Marseille, c'est comme les grandes fermes sud-africaines des Afrikaners, grandes de 100 000 hectares. Paga a raison, Marseille est un endroit à part, un territoire fermé où tout est différent et extraordinaire. ***Ce que j'ai connu dans cette ville, je ne l'ai jamais expérimenté ailleurs.***

Chez les commerçants marseillais, quand un joueur de l'OM se déplace pour acheter sa viande ou son poisson, il doit insister pour payer. À Paris, c'est l'inverse : on demande le double du prix aux célébrités !

Marseille, c'est une âme, une identité forte…

Et quand on parle de football avec un Marseillais, la vie s'arrête...

GRÂCE À NOS ÉPOPÉES, L'OLYMPIQUE DE MARSEILLE EST MERVEILLEUSEMENT POPULAIRE DANS TOUTE L'EUROPE. JE SUIS CERTAIN QUE SI ON DÉMONTAIT LE STADE VÉLODROME POUR L'IMPLANTER DANS UN AUTRE PAYS, IL SERAIT TOUJOURS PLEIN, QUEL QUE SOIT L'ENDROIT DU CONTINENT. QUAND JE PORTAIS LES COULEURS DE L'OM, JE DEVAIS ME CACHER SOUS UNE CASQUETTE ET DES LUNETTES DE SOLEIL POUR SORTIR DANS LA RUE, ET ON FRAPPAIT SOUVENT À LA PORTE DE MA CHAMBRE D'HÔTEL. LA FERVEUR POUR L'OM, CELA NE S'INVENTE PAS ET CELA N'EXISTE PAS AILLEURS.

Marseille, c'est un héritage qui se respecte. Je suis agacé de voir des nouveaux propriétaires ou des directeurs sportifs qui nous expliquent tout ce qu'il faut faire pour que l'OM redevienne un grand club, alors qu'ils ne connaissent pas notre club. ***L'OM, il faut le vivre pour le comprendre.*** *Les Américains ne savent pas ce que représente l'Olympique de Marseille... Quand les dirigeants augmentent les prix des abonnements au Vélodrome et que cela devient hors de prix pour certains jeunes, je le déplore.*

Pour faire gagner Marseille, il faut une âme, et surtout, ne jamais tricher. Attention, quand la place de l'OM dégringole au classement, on ne tient plus les supporters. Il ne faut pas prendre les fans pour des idiots. Cette exigence marseillaise n'est pas propre au football, elle existe dans toute la ville : que l'on soit sportif, chanteur ou DJ, il est impossible de berner le peuple marseillais.

Tout est une question d'engagement et de sincérité. Peu importe que l'on soit battu : si le joueur mouille son maillot et salit son short, il est pardonné. En revanche, celui qui sort en boîte de nuit jusqu'à trois heures du matin la veille du match ne sera jamais accepté chez nous. Je préfère, de loin, un attaquant comme Alexis Sanchez qui sait d'où il vient plutôt qu'un Neymar. Certes, il est l'un des meilleurs joueurs du monde mais il ne s'intéresse pas aux valeurs de son club.

CE QUE J'AI VÉCU AVEC L'OM AU DÉBUT DES ANNÉES 90, JE LE SOUHAITE À N'IMPORTE QUEL JOUEUR DE FOOTBALL.

—

Porter les couleurs de Marseille, c'est un rêve mais aussi une responsabilité. Peu de footballeurs ont cette chance, alors il faut respecter ce maillot.

—

Trente ans après notre victoire en coupe d'Europe, la ville de Marseille a organisé une immense fête pour célébrer l'anniversaire du succès contre Milan. À jamais les premiers... ce slogan restera à vie. Les Marseillais ne cesseront jamais de parler de cette coupe et de la folie qui en a découlé. On ne l'oubliera jamais, car nous avons marqué l'histoire. On a beau avoir gagné la finale, le plus important reste le ressenti des habitants. Et quand j'ai assisté au feu d'artifice gigantesque tiré de la corniche de Marseille, à côté de mes compères Basile Boli, Éric di Meco et Carlos Moser, j'avais l'impression que le 26 mai 1993, c'était la veille. C'était fabuleux de revivre de tels moments. Au début des années 90, nous avions une équipe de stars, mais une équipe très simple. On prenait le temps de se connaître et de plaisanter. Dans le vestiaire, il y avait une âme.

LA CORSE ET LA VILLE DE MARSEILLE SONT INTIMEMENT LIÉES. MARSEILLE EST LE BERCEAU DE TOUS LES CORSES QUI PARTENT TRAVAILLER SUR LE CONTINENT. QUAND JE VIVAIS SUR MON ÎLE, TOUS MES AMIS ME CONTAIENT LES AVENTURES DU PANIER, QU'ILS SOIENT FLICS... OU VOYOUS !

Un jour, mon fils gardera peut-être les buts de l'OM. Lisandru Olmeta a dix-huit ans et a signé son premier contrat professionnel avec le club de Lille. C'est un très grand fada de l'OM. Il est né en 2005, bien après mes exploits sous le maillot bleu et blanc, je ne l'ai donc pas influencé. Mais honnêtement, il aime l'OM autant que les supporters dans les tribunes. Lisandru a été sacré champion d'Europe des Moins de dix-sept ans en 2022, en tant que gardien de l'équipe de France. Nous sommes donc les deux Corses champions d'Europe!

MES SPOTS PRÉFÉRÉS À MARSEILLE

DANS LES ANNÉES 90, NOUS FÊTIONS NOS SUCCÈS À LA *PIZZA ROMANA*, PUIS AUX *TROTTOIRS MARSEILLAIS*. UN SOIR, ÉRIC DI MECO AVAIT SORTI SA GUITARE ET ON AVAIT CHANTÉ, AVEC BERNARD PARDO ET ÉRIC CANTONA. J'AI CONSERVÉ UNE RELIQUE DE CETTE SOIRÉE. POUR UNE RAISON QUI M'ÉCHAPPE AUJOURD'HUI, ÉRIC DI MECO M'AVAIT POURSUIVI DANS LA RUE, VERS QUATRE HEURES DU MATIN, EN ME BALANÇANT À LA FIGURE UNE GROSSE COUPE EN ARGENT QUI SERVAIT À CONSERVER LE CHAMPAGNE AU FRAIS. JE NE ME SUIS JAMAIS SÉPARÉ DE L'OBJET DU DÉLIT, CAR CELA ME RAPPELLE CES MOMENTS DE PARTAGE EXTRAORDINAIRE.

Aujourd'hui, quand je suis à Marseille, je vais chez Lionel Lévy, le chef de l'Intercontinental. C'est ma cantine. J'aime me promener dans les cuisines, car il y flotte une âme. Là-bas, tout le monde dit « bonjour » et « merci », ce qui est malheureusement loin d'être une évidence aujourd'hui en France. Lionel est un fou de l'OM… mais qui ne l'est pas ?

En studio avec Soprano et Jimmy Sax

En 2023, j'ai collaboré avec un grand monsieur de Marseille : **Soprano**. *Un jour, j'étais en studio avec mon ami Bengous. Nous avons envoyé un extrait de notre production musicale à Soprano sur Snapchat. Le rappeur marseillais a adoré, au point de nous proposer d'enregistrer un couplet dessus à la fin de sa tournée. Soprano a tenu parole, et ce feat est sorti sur toutes les plateformes : C'est la fête. C'est un son d'été, une immense fierté pour moi, car Soprano est* *une très grande star et une icône de Marseille. C'est aussi l'idole des jeunes dans la France entière.*

J'ai suivi le même procédé avec ***Jimmy Sax****, lui aussi originaire de Marseille. Jimmy est un musicien exceptionnel, connu dans le monde entier pour l'alliage de son saxophone et de ses compositions électroniques. Après avoir enregistré un morceau instrumental très house music, je me suis dit : il me faut du saxophone ! J'ai contacté Jimmy Sax sur les réseaux, et la connexion marseillaise a encore fonctionné. Après un an de travail, ce projet a abouti : Better days. Jimmy joue le morceau dans tous les pays où il passe.*

Ces deux morceaux représentent énormément pour moi, car il n'est pas facile de valider des collaborations avec de si grands messieurs de la musique, toujours très demandés. Soprano ne promet pas des feat avec n'importe qui… ***Pour moi, c'est un honneur d'avoir sorti des morceaux à leurs côtés.*** *Cela prouve que je suis un passionné de musique qui ne lâche rien, et que les plus grands m'accordent leur confiance pour des productions musicales. Quand je repense à mes premières compositions, dans ma chambre, quand j'avais dix-sept ans, je mesure le chemin parcouru. Souvent, je me suis pris des gadins avec mes compositions. Aujourd'hui, c'est la consécration, avec deux ambassadeurs de Marseille bourrés de talent.*

CHAPITRE 7

Balade dans les calanques

**MARSEILLE EST UN CONTINENT À PART.
JE SUIS PERSUADÉ QU'UNE BULLE DE MAGIE FLOTTE DEPUIS PLUSIEURS MILLIERS D'ANNÉES AU-DESSUS DE LA CITÉ PHOCÉENNE.**

Elle renferme la maison d'un peintre bienfaiteur qui colore notre ville de ses plus belles gouaches : du bleu azur pour le ciel, du jaune étincelant pour le soleil, un turquoise fascinant pour la mer.

Dès que les premières chaleurs transpercent cette jolie bulle, les Marseillais s'évaporent sur toute la côte méditerranéenne pour griller sur le sable chaud des plages et surtout, nager dans l'eau transparente des Calanques.

De Marseille à Cassis, il existe vingt-six calanques à découvrir.

Suivez le guide !

Je passe tous mes étés aux Goudes.

C'est à la pointe de Marseille, dans le VIIIe arrondissement. C'est très provençal avec une petite touche de Grèce. Je vous recommande de réserver une table dans mon restaurant préféré : l'Auberge du Corsaire. Quasiment les pieds dans l'eau, au milieu des bateaux amarrés sur le port, vous y dégusterez des poissons grillés au feu de bois, d'une saveur à vous taper la tête par terre ! C'est le seul endroit où vous pourrez vous baigner dans de l'eau douce. Là-bas, j'ai l'impression d'être dans un petit village. Les maisons sont colorées. C'est cafi de touristes !

UNE FOIS LE VENTRE PLEIN, JE LÈVE L'ANCRE ET MON BATEAU M'EMMÈNE SUR *L'ÎLE DE LA TORTUE*.

Pour y accéder à pied, il faut randonner sur des sentiers rocailleux. Avis aux sportifs ! Là-bas, les jeunes aventuriers plongent pour découvrir la faune sous-marine à peine voilée par l'eau d'une clarté incomparable. Pour être honnête, la température de l'eau n'est pas très élevée, car dès que le Mistral se lève, ça rafraîchit la mer.

–

Chaque calanque est un trésor de la nature, un petit paradis à portée de tous.

–

Je suis le premier à faire le tour du monde pour découvrir la beauté des îles caribéennes mais en réalité, nous avons des merveilles identiques à Marseille.

Pour atteindre le nirvana, je navigue jusqu'à la calanque d'**En vau**, l'une des plus belles de la planète. C'est une plage de galets, différente des autres calanques. Du turquoise comme vous n'en avez jamais vu !

NAGER,
PLONGER,
PIQUE-NIQUER,
BRONZER,
S'ÉVADER...

MARSEILLE EST FAITE POUR ÇA !

POUR PARFAIRE VOTRE *tour des calanques*, VOICI LES INCONTOURNABLES :

La Baie des singes,
une plage incontournable des Goudes.

La crique de Sormiou,
idéale pour la plongée sous-marine ou la randonnée ; dans le même style, il existe aussi Morgiou, la calanque voisine.

Sugiton,
un petit coin de paradis niché dans les hauteurs de Marseille.

UNE CALANQUE, ÇA SE MÉRITE !

CERTAINS TRÉSORS SONT MOINS ACCESSIBLES, PLUS SECRETS. IL FAUT S'Y RENDRE EN BATEAU, EN KAYAK, EN PADDLE OU APRÈS PLUSIEURS HEURES DE RANDONNÉE.

COMME EN CORSE, ON CROISE DANS LES CALANQUES TOUTES SORTES DE CRUSTACÉS : CRABES, COQUILLAGES, OURSINS... C'EST POUR CELA QUE NOTRE CITÉ EST RÉPUTÉE POUR LA GASTRONOMIE, RAYON FRUITS DE MER.

Quand je m'échappe de mon quotidien pour passer deux heures dans les calanques, j'ai l'impression de transplaner instantanément sur une île déserte, comme si j'étais en vacances. Saint-Martin ? Bali ? Non, Marseille ! À une demi-heure de mon bureau... C'est paisible, privilégié. Surtout, impossible de s'en lasser. Je vis à Marseille depuis ma naissance, j'ai trente-cinq ans, mais je n'ai pas encore exploré l'intégralité des vingt-six calanques ! **Avoir tant d'oasis à découvrir chez soi, c'est prodigieux.**

L'écologie et la protection de la nature sont particulièrement importantes pour les Marseillais. Je ne supporte pas de voir un touriste jeter un papier sur la plage ou sa cigarette dans la nature. **Un rien peut tout détruire et c'est notre responsabilité de protéger notre patrimoine.**

APRÈS AVOIR ÉCUMÉ LES CALANQUES, ALLEZ VOUS RAFRAÎCHIR SOUS LA PLUS BELLE CASCADE DE MARSEILLE : LA *CASCADE DES AYGALADES*, NICHÉE AU CŒUR DU XVE ARRONDISSEMENT DE LA VILLE.

PAR AILLEURS, C'EST AUSSI CHEZ NOUS QUE L'ON MESURE LA HAUTEUR DE LA MER MÉDITERRANÉE, GRÂCE AU MARÉGRAPHE DE MARSEILLE.

AVE
IPLENA

Chapitre 8

Notre-Dame de la Garde

LA « BONNE MÈRE » PROTÈGE NOTRE VILLE. DEPUIS LE MOYEN-ÂGE, CETTE ANCIENNE CHAPELLE DEVENUE BASILIQUE EST CONSIDÉRÉE COMME LA GARDIENNE DES MARINS ET DES PÊCHEURS.

Les anciens racontent que Notre-Dame de la Garde est un palladium de la ville de Marseille, c'est-à-dire qu'il s'agit d'un symbole sacré dans la mythologie grecque. C'est un sanctuaire. Au sommet du clocher se dresse une immense statue dorée de la Vierge à l'enfant. C'est un tel symbole de ma ville qu'à l'âge de vingt ans, je me suis fait tatouer la Bonne-Mère sur le mollet gauche.

LA BONNE-MÈRE PROTÈGE LES MARSEILLAIS DES CATASTROPHES NATURELLES, ET DONNE AUSSI DE LA FORCE À NOTRE CLUB, L'OLYMPIQUE DE MARSEILLE.

EN EFFET, NOTRE-DAME DE LA GARDE SURPLOMBE LE STADE VÉLODROME. D'AILLEURS, IL M'EST ARRIVÉ À DE NOMBREUSES REPRISES DE MONTER À LA BASILIQUE AFIN DE BRÛLER UN CIERGE POUR QUE L'OM GAGNE. JE NE SUIS PAS UN CAS ISOLÉ : TOUS LES SUPPORTERS LE FONT !

–

Notre basilique protectrice ne me quittera jamais.

–

POUR LES TOURISTES, LA VISITE À NOTRE-DAME DE LA GARDE PERMET AUSSI DE DOMINER TOUTE LA VILLE DE MARSEILLE, AVEC UNE VUE 360 À COUPER LE SOUFFLE. QUAND LE CIEL EST BLEU – TOUS LES JOURS ! – JE VOUS DONNE MA PAROLE QUE C'EST D'UNE BEAUTÉ SAISISSANTE, CAR ON PEUT AUSSI ADMIRER LES CALANQUES.

C'est comme le Corcovado de Rio.

Au pied de la basilique, le vestige du char Jeanne d'Arc rappelle l'insurrection de Marseille contre l'armée allemande, en août 1944.

Un mot sur le surnom de Notre-Dame de la Garde, la « Bonne-Mère ». À Marseille, quand on dit « elle est bonne », il n'y aucun caractère d'attirance sexuelle. Nous l'employons au sens premier du terme : bon, respectueux, aimant, patient, modeste. La Bonne-Mère, c'est un modèle avec un code moral. C'est la femme parfaite pour éduquer un enfant, la mère idéale. Elle est la maman de tous les Marseillais.

LES HABITANTS Y MONTENT POUR SE RECUEILLIR, PRIER, ÉCARTER LE MAUVAIS ŒIL, S'ÉVADER, CROIRE EN QUELQUE CHOSE, OU SIMPLEMENT VISITER.

On y croise des chrétiens, catholiques, protestants, des juifs, des musulmans… Au pied de Notre-Dame de la Garde, c'est cosmopolite, sans distinction ni discrimination. Marseille est contre le racisme, l'antisémitisme et toute autre forme de ségrégation.

OH, BONNE MÈRE !
EST L'INTERJECTION PRÉFÉRÉE DES MARSEILLAIS.
« OH, BONNE MÈRE, ON A PERDU AUX PÉNALTIES CONTRE ANNECY ALORS QU'ON AVAIT ÉLIMINÉ LES PARISIENS AU TOUR PRÉCÉDENT ! »

CHAPITRE 9

Visite guidée de la ville

VOICI LES ENDROITS QU'IL FAUT DÉCOUVRIR À MARSEILLE :

JE VOUS INVITE À COMMENCER PAR UN ENDROIT INSOLITE.

COMME NOUS SOMMES LES SPÉCIALISTES MONDIAUX DE L'EXAGÉRATION, NOUS AVONS CONSTRUIT LE « PLUS LONG BANC DU MONDE » : TROIS KILOMÈTRES ! ÉDIFIÉ EN 1957, IL EST ÉVIDEMMENT SITUÉ AU BORD DE LA MER, SUR LA CORNICHE KENNEDY, ENTRE LE PONT DE LA FAUSSE-MONNAIE ET L'HÔTEL SOFITEL PALM BEACH.

Après la visite du Stade Vélodrome et la Basilique Notre-Dame de la Garde, il faut vous rendre sur le Vieux-Port. Descendez la corniche Kennedy – où vous croiserez les passionnés de course à pied, les cyclistes et les marcheurs qui hument l'air pur de la Méditerranée en faisant du sport – et rejoignez les Goudes. La vue est à couper le souffle, de A à Z. Si vous ne passez qu'une demi-journée à Marseille, concentrez-vous là-dessus.

Le Vieux-Port est magnifique. Aménagé avec de nombreux commerces, c'est désormais une place piétonne, où sont organisés des événements.

C'est le lieu historique de Massilia, où les cris des mouettes sont la musique de fond.

Pour les touristes qui ont du temps et qui apprécient la culture, un tour au Mucem s'impose : le musée des civilisations de l'Europe et de la Méditerranée. Architecturalement, c'est splendide. Il a été inauguré par le président François Hollande en 2013, l'année où Marseille était capitale européenne de la culture – quelle fierté. **C'est l'un des lieux les plus visités de la ville.**

UNE FOIS LA VISITE TERMINÉE, DÉSALTÉREZ-VOUS SUR LES TERRASSES DU PORT PUIS RENDEZ-VOUS AU FORT SAINT-JEAN, UN FORT MILITAIRE DATANT DU XIIE SIÈCLE OÙ LES ALLEMANDS ENTREPOSÈRENT DES MUNITIONS LORS DE LA SECONDE GUERRE MONDIALE.

Évidemment, les férus de lecture pourront sortir leurs jumelles pour admirer le légendaire Château d'If. La forteresse édifiée par le roi François Ier est surtout connue pour avoir été la prison d'Edmond Dantès, le personnage du Comte de Monte-Cristo d'Alexandre Dumas.

IF, C'EST L'ALCATRAZ DE MARSEILLE.

« Jeune marin, âme candide et fils modèle, Edmond Dantès semble promis au bonheur et à une brillante carrière dans la marine, quand soudain tout s'écroule. Du jour au lendemain, il se voit précipité dans un abîme de détresse et de ténèbres. Arrêté comme comploteur, il est enfermé au château d'If, la prison de Marseille, pour y croupir jusqu'à la fin de ses jours. [...] Avec un bruit épouvantable, il entra comme une flèche dans l'eau glacée, qui lui fit pousser un cri étouffé à l'instant même par l'immersion.

Dantès avait été lancé dans la mer, au fond de laquelle l'entraînait un boulet de trente-six attaché à ses pieds. La mer est le cimetière du château d'If. »

À une époque, la forteresse servait aussi de vigie pour repérer une éventuelle invasion de pirates. Je vous recommande de le visiter.

Autour du Vieux-Port, il faut se rendre au Panier.

Historiquement, c'est le quartier des Corses et des Italiens.
Ma mère a grandi dans ses ruelles colorées.

La Canebière est collée au Vieux-Port. C'est la rue ancestrale de Marseille, piétonne et commerçante. En provençal, « canebiera » signifie chènevière, un champ de chanvre. **En effet, Marseille était autrefois réputée pour son commerce du chanvre, indispensable pour les cordes des bateaux.**

Si les Champs-Élysées sont incontournables à Paris, je ne peux pas dire mieux pour la Canebière à Marseille. De nombreuses rues commerçantes en sont les affluents. Les vrais Marseillais font leur shopping rue Paradis, rue de Rome ou rue « Saint-Fé » (Saint-Ferréol).

QUELQUES AUTRES *points d'intérêt*

Le Palais du Pharo,
construit par Napoléon III pour l'impératrice Eugénie.

La Statue du David
On tombe dessus en descendant du Vieux-Port. C'est la copie du célèbre David de Michel-Ange.

Les parcs
Les Marseillais se promènent souvent au Parc Borély, ou au Parc Chanot, collé au stade Vélodrome, où se déroule la Foire de Marseille.

Enfin, les concerts
se déroulent au cœur du célèbre Dôme de Marseille. Je me souviens de l'incroyable show de Manau, dans les années 2000.

Chapitre 10

La night

MARSEILLE EST UNE CITÉ NOCTURNE, QUI DANSE AU RYTHME DU SOURIRE DE SES HABITANTS.

Nous sommes de gros bringueurs. **Personne n'attend le week-end pour s'amuser.** Un jour sur deux, on retrouve les collègues pour boire l'apéro. Je sais que les Parisiens font pareil. La seule différence, c'est qu'ils sont attablés en terrasse au bord de la route avec les voitures qui passent en klaxonnant, quand nous sommes simplement dérangés par le roulis de la mer. Nos terrasses sont inondées par le soleil dont on admire le crépuscule en faisant tinter nos glaçons.

LA NUIT TOMBÉE, ÇA NE S'ARRÊTE PAS.

LA CITÉ PHOCÉENNE VIT VINGT-QUATRE HEURES SUR VINGT-QUATRE, SANS RELÂCHE, À L'ABRI DE L'ENNUI. À L'IMAGE D'AIX-EN-PROVENCE, MARSEILLE EST UNE VILLE ÉTUDIANTE. GRÂCE À NOTRE MERVEILLEUX CLIMAT, LES GENS NE S'ENFERMENT PAS DANS LEURS MAISONS NI DANS LES BARS : ILS PROFITENT DE LA VIE À L'AIR LIBRE, ET RENDENT NOS RUES DYNAMIQUES DU PETIT MATIN JUSQU'AU SOIR.

Avec Bengous, j'ai composé un morceau inspiré de la vie nocturne marseillaise, intitulé : « Ce soir c'est la night ». Dix millions de vue, un carton dans tous les clubs de la région !

À MINUIT,
ON EST ENCORE
EN TRAIN DE FAIRE
DU VÉLO OU DU
ROLLER SUR LE
VIEUX-PORT !

Les expressions de la night à Marseille

VIENS, ON VA FAIRE LA NIGHT, ON VA BRINGUER !

On sort en discothèque, on va s'amuser.

CE SOIR, C'EST TARPIN DÉGAINE !

Ce soir, c'est le top !

JE NE SUIS PAS ALLÉ DANS CE BAR DEPUIS L'AN PÈBRE

Depuis une éternité.

ARRÊTE DE M'EMBOUCANER ! Y'A DÉGUN DANS CETTE BOÎTE !

Cesse de me raconter des sottises. Il n'y a aucune ambiance dans cette discothèque.

SE FAIRE POINTER PAR UNE FILLE

Se faire larguer.

CAGOLE

Se dit d'une fille vulgaire.

TARPIN BELLE

Une fille magnifique.

SE FAIRE POINTER PAR LE VIDEUR

Être refusé à l'entrée d'une boîte de nuit.

– Viens, on va au Pablo, c'est tarpin dégaine.

– T'y es fada ? On n'y est pas allés depuis l'an pèbre, si on ramène pas trois gonzesses, on va se faire pointer !

ARRÊTE DE M'EMBOUCANER !

Arrête de me prendre pour un idiot – quand une fille se rend compte qu'on la drague avec de futiles intentions.

ON EST UN PEU ESQUICHÉS DANS CE BAR

On est un peu serrés, à l'étroit.

FADOLI

Fada, fou.

J'AI BU TROIS VERRES, ILS M'ONT ENSUQUÉ

L'alcool m'a fatigué.

J'AI BU TROIS VERRES, ILS M'ONT ROINTÉ

L'alcool m'a retourné le cerveau.

JE SUIS À LA PAYOLLE

Sur la paille, sans un sou.

TU ES À L'AGACHON !

À ton pote qui ne cesse de regarder la même fille depuis une heure. L'agachon est une technique de pêche sous-marine.

JE SUIS EMPÉGUÉ

Je suis saoul.

IL A FAIT UNE CAGADE !

Il a vomi.

IL S'EST EMBOUCANÉ LE FOIE

Il a trop bu.

TON COLLÈGUE, C'EST UN BOUCAN !

Un boulet.

FILADE ! FILADE !

Bagarre ! Bagarre ! Cri de ralliement des cours de récréation des collèges. On « file », c'est-à-dire qu'on s'envoie les pains, la castagne.

ON A FAILLI SE FILER
On était à deux doigts de se battre.

BISQUER, MARONNER
Râler.

ÇA PART EN BIB / ÇA PART EN BIBERINE
Ça tourne mal, ça tourne au vinaigre.

BROQUE
Un nul, un raté, un moins que rien. « T'y vois pas que t'es une broque, gros ? T'y as bu comme un soûlard ! »

T'Y ES LE SANG !
Je t'apprécie comme mon frère.

Chapitre 11

La mode à Marseille

À MARSEILLE,
NOUS REVENDIQUONS AU MOINS 300 JOURS DE SOLEIL SUR 365.

CHEZ NOUS, L'HIVER SÉVIT SEULEMENT EN DÉCEMBRE ET PREND FIN À LA MI-MARS. AINSI, LE MARSEILLAIS A POUR COUTUME DE S'HABILLER TRÈS LÉGER, POUR SUPPORTER LES TEMPÉRATURES RELATIVEMENT ÉLEVÉES : SHORT, T-SHIRT, PETIT CAPÈU (CHAPEAU), UNE PAIRE DE LUNETTES. BREF, UNE TENUE DE VACANCIER... SAUF QUE POUR NOUS, C'EST L'HABILLEMENT DU QUOTIDIEN !

Chaque Marseillais a son propre style vestimentaire. La plupart des garçons portent le traditionnel survêtement, en haut comme en bas. Les jours de match, ou les lendemains de match, ou tout simplement quand on en a envie, on porte évidemment le maillot de l'OM, que ce soit le blanc, le bleu ciel ou le maillot « Ligue des champions », qui est souvent plus original et dont la couleur varie selon les années (orange, noir...). Les filles, elles, portent des mini-jupes très légères, des petits hauts ou des débardeurs très fluides.

MARSEILLE EST UNE VILLE QUI S'ADAPTE

–

La mode marseillaise n'est pas particulièrement stricte. Chacun s'habille comme il lui plaît, sans jugement ni restriction.

–

DU CÔTÉ D'AIX-EN-PROVENCE, ON S'HABILLE UN PEU PLUS À LA MODE BOBO PARISIENNE, LA PETITE ÉCHARPE, LE PETIT SAC, ASSEZ « CLASSE ». LES MARSEILLAIS S'HABILLENT PLUTÔT « BONNE FRANQUETTE ». ON NE SE PREND PAS LA TÊTE POUR CHOISIR SES HABITS AVANT DE REJOINDRE DES COLLÈGUES BOIRE UN PETIT COUP. À MOINS DE SORTIR EN BOÎTE DE NUIT OU POUR UNE OCCASION PARTICULIÈRE, ON NE FORCE PAS TROP. TRANQUILLE !

LE LUNDI, ON PEUT S'HABILLER À LA MODE ITALIENNE. LE LENDEMAIN, À LA MODE AIXOISE. DEUX JOURS PLUS TARD, À LA MODE PARISIENNE, AVANT DE RESSORTIR LE LENDEMAIN VÊTU D'UN SIMPLE MAILLOT DE BAIN MASQUÉ PAR UN FIN PARÉO TRANSPARENT. LE MARSEILLAIS AGIT COMME BON LUI SEMBLE. EN PLUS, COMME IL FAIT TOUJOURS BEAU ET CHAUD, ON NE SE POSE PAS UN MILLIER DE QUESTIONS (PULL ? SOUS-PULL ?) COMME LES GENS QUI VIVENT DANS LE NORD.

POUR BIEN S'HABILLER EN RESPECT DES TEMPÉRATURES, UN HOMME PEUT PORTER UNE CHEMISE LÉGÈRE AVEC UN PANTALON EN LIN.

S'il y a de tout à Marseille, vous ne trouverez personne qui suit la mode à la lettre, en portant du vert parce qu'il l'a lu dans un magazine ou des baggys parce qu'il a regardé une émission à la télévision.

**IL FAUT SAVOIR
QUE LES MARSEILLAIS
SE CONSIDÈRENT
COMME DES
PERSONNES UNIQUES
- NOUS AVONS LA
MODESTIE DE LE
RECONNAÎTRE.**

Cela n'empêche pas notre ville d'être à la pointe en ce qui concerne la création de marques. Par exemple, JOTT (Just over the top) est une marque marseillaise. La première boutique a été ouverte dans le centre commercial des Terrasses du Port. Désormais, JOTT vend des millions de doudounes dans le monde entier et compte plus de 200 boutiques. D'autre part, American Vintage a été créé par un Marseillais. Kulte, également marque de prêt-à-porter, a été créée dans la cité phocéenne.

Nous n'aimons donc pas copier les autres. Nous ne nous calquons pas sur ce qui existe déjà, mais préférons les pièces uniques, les créations.

À Marseille, on est plus dans le mood de la musique, de l'apéro et de la convivialité.

Évidemment, nous avons des rues très commerçantes, comme la rue Saint-Ferréol, le centre Bourse, le Grand Littoral, ou le Grand V à la Valentine. **Et chacun fait ce qui lui plaît !**

LE LUXE N'EST PAS NON PLUS NOTRE TASSE DE THÉ.

DE MARSEILLE À AIX-EN-PROVENCE, LES SEULS MAGASINS DE LUXE SONT HERMÈS ET LOUIS VUITTON. POINT BARRE ! CE N'EST PAS UNE QUESTION DE MOYENS, MAIS DE MODE DE VIE. C'EST LE RESPECT DE NOTRE CULTURE POPULAIRE. LES MARSEILLAIS QUI VEULENT S'HABILLER EN DIOR OU EN PRADA DOIVENT ROULER JUSQU'À CANNES OU SAINT-TROPEZ. ILS SONT RARES, PRÉFÉRANT SOUVENT DES MARQUES INTERMÉDIAIRES.

BAPTISTE *Giabiconi*

l'ambassadeur de la mode marseillaise

Évidemment, si je vous dis « Mode » et « Marseille », vous me répondez : Baptiste Giabiconi. Repéré par Karl Lagerfeld, ce mannequin né à Marignane représente fièrement Marseille sur les tapis rouges et les podiums du monde entier. Baptiste, né en 1989, a déjà défilé pour de très grandes maisons comme Chanel et Giorgio Armani. On l'aperçoit régulièrement aux premiers rangs des défilés. Il est récemment devenu papa d'un petit Baptiste Junior.

ENFIN, SI JE DEVAIS DÉFINIR UNE SEULE MODE À SUIVRE À MARSEILLE… C'EST DANS LE FAIT DE DÉVALISER LA BOUTIQUE DE L'OM !

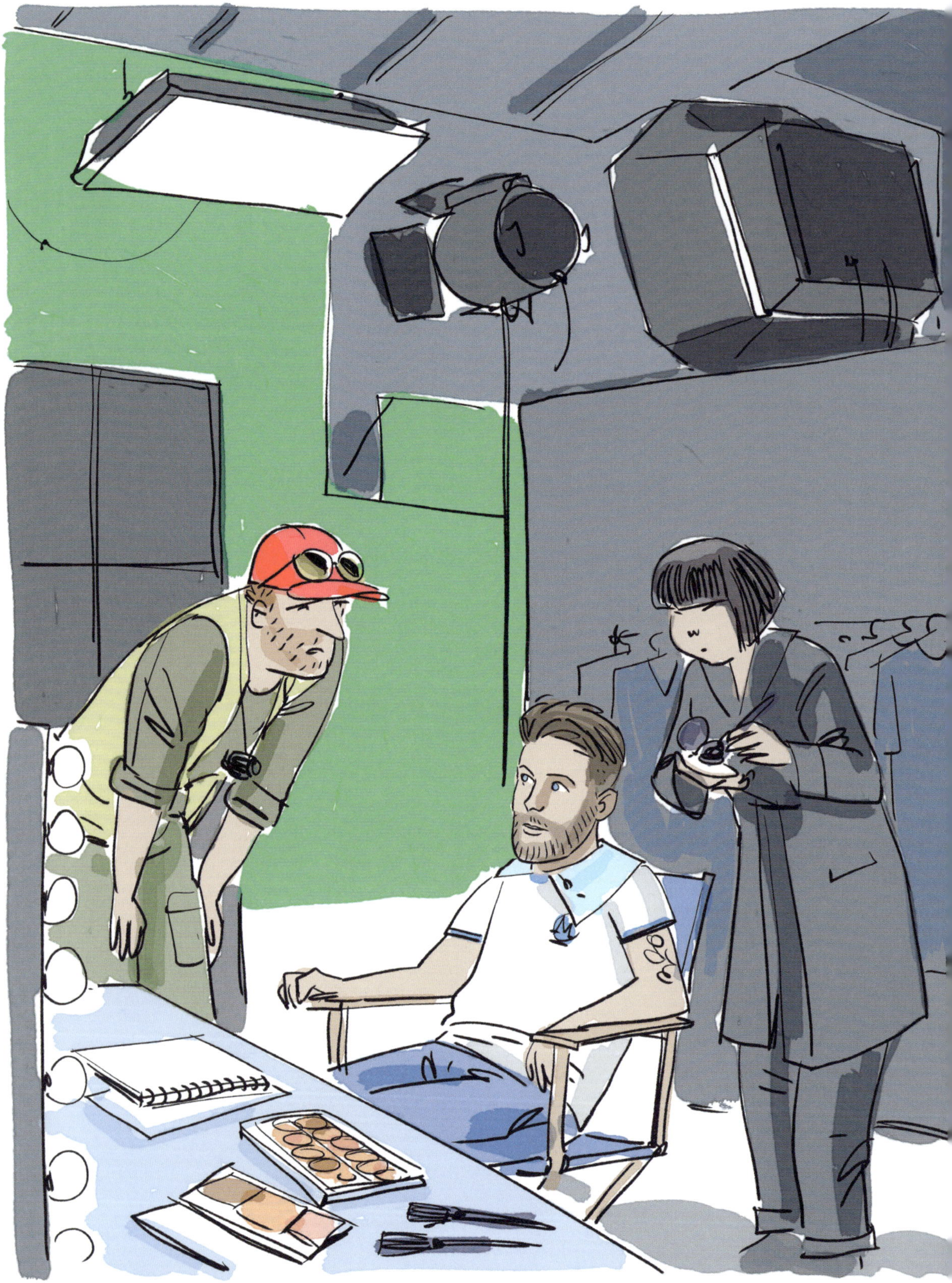

Chapitre 12

Marseille à la télévision et au cinéma

LORS DES VINGT DERNIÈRES ANNÉES, L'AUDIOVISUEL A COMPLÈTEMENT EXPLOSÉ À MARSEILLE. QUI N'EST JAMAIS TOMBÉ SUR *PLUS BELLE LA VIE* EN ALLUMANT SA TÉLÉVISION ? QUI N'A PAS VU AU MOINS UN VOLET DE LA SAGA *TAXI* AVEC SAMY NACERI ?

NOUS VOULONS QUE LE NOM « MARSEILLE » RÉSONNE DANS LE MONDE ENTIER, AUSSI FORT QU'UN PAYS. ON VIT DANS UNE BULLE.

Pour mes compatriotes et moi, c'est une fierté de voir Marseille représentée ainsi et surtout de constater le succès de ces films.

À Marseille, on s'entraide, on se tire vers le haut. Cette mentalité est une chance. Notre ville a fait émerger de nombreux artistes, c'est une immense fierté.

PLUS BELLE LA VIE EST UNE SÉRIE CULTE.

C'EST TOUTE UNE GÉNÉRATION QUI A GRANDI AVEC. CHAQUE SOIR, LES FAMILLES AVAIENT RENDEZ-VOUS AVEC LEURS PERSONNAGES À L'ACCENT CHANTANT, QUI ÉVOLUAIENT SOUS LE SOLEIL DE LA PROVENCE. GRÂCE À LA QUALITÉ DE LA PRODUCTION ET À SES FIGURES ATTACHANTES, C'EST UN FEUILLETON ADDICTIF. POUR CEUX QUI N'ONT JAMAIS FRANCHI LE PAS, « PBLV » RACONTE LE QUOTIDIEN D'UN QUARTIER FICTIF – MAIS RÉALISTE – DE MARSEILLE, LE MISTRAL. EN DIX-HUIT SAISONS, PRÈS DE 5 000 ÉPISODES ONT ÉTÉ DIFFUSÉS ! LE TOURNAGE AVAIT RÉELLEMENT LIEU À MARSEILLE, AU CÉLÈBRE PÔLE MÉDIA DE LA BELLE DE MAI, DANS LE IIIE ARRONDISSEMENT. POUR CRÉER LE MISTRAL, LES RESPONSABLES DES DÉCORS SE SONT INSPIRÉS DU QUARTIER DU PANIER. CERTAINES SCÈNES SONT ÉGALEMENT TOURNÉES SUR LES PLAGES DE MARTIGUES, DANS LA VIEILLE VILLE D'AUBAGNE, LE PARC BORÉLY OU LA PRISON DES BAUMETTES.

TAXI

C'EST LE FILM LE PLUS CONNU TOURNÉ À MARSEILLE. SIX MILLIONS ET DEMI D'ENTRÉES EN 1998, L'ANNÉE DE LA COUPE DU MONDE. *TAXI* A ÉTÉ TOURNÉ À MARSEILLE EN 1997, AVEC SAMY NACERI (UN CHAUFFEUR DE TAXI MARSEILLAIS QUI SE PREND POUR UN PILOTE DE FORMULE 1), FRÉDÉRIC DIEFENTHAL ET LA TOUTE JEUNE MARION COTILLARD. LA BANDE-ORIGINALE DU FILM EST ÉGALEMENT EMPREINTE DE MARSEILLE, CAR RÉALISÉE PAR LE GROUPE IAM, DJ KHEOPS ET LE GROUPE 3E ŒIL. TOUS DES ARTISTES DE LA CITÉ PHOCÉENNE ! APRÈS CE FRANC SUCCÈS, *TAXI* A CONNU UN REMAKE AMÉRICAIN (*NEW YORK TAXI*) ET QUATRE AUTRES VOLETS (*TAXI 5* EN 2018).

LES DÉGUNS

EN PARALLÈLE DE L'ÉCRITURE DE CE LIVRE, J'AI TOURNÉ DANS LE FILM *LES DÉGUNS 2*, QUI EST SORTI PENDANT L'ÉTÉ 2023 ET QUI SERA BIENTÔT DISPONIBLE SUR NETFLIX. J'Y JOUE MON PROPRE RÔLE – PAGA, FIGURE DES MARSEILLAIS – DE FAÇON ROMANCÉE. DANS CE LONG-MÉTRAGE, ON RETROUVE NONO QUI VA INTÉGRER UNE ÉMISSION DE TÉLÉRÉALITÉ, *LA VILLA DES FRATE* (L'ÉQUIVALENT FICTIF DES MARSEILLAIS DE W9). NONO, QUI M'IDOLÂTRE, PASSE SON TEMPS AGRIPPÉ À MOI, OU À PARLER DE MOI. C'EST TRÈS AMUSANT ET CELA REPRÉSENTE BIEN L'UNIVERS DE LA TÉLÉRÉALITÉ, AVEC BEAUCOUP D'AUTODÉRISION. JE SUIS TRÈS FIER D'AVOIR PARTICIPÉ À CE FILM. LE PREMIER VOLET DES *DÉGUNS* – ADAPTATION DE LA WEB-SÉRIE ÉPONYME – ÉTAIT SORTI EN 2018.

Je peux citer aussi *La French*, qui évoque le milieu du grand banditisme marseillais, ou *Marseille*, la comédie de Kad Merad et Patrick Bosso.

ET BIEN SÛR, BAC NORD, QUI A BEAUCOUP FAIT PARLER…

LICE
POLICE

Chapitre 13

Bac Nord : mythe ou réalité ?

VOILÀ UN FILM QUI A ÉNORMÉMENT FAIT PARLER AU MOMENT DE SA SORTIE EN 2020.

Bac Nord raconte la dure réalité des quartiers du Nord de Marseille. Ce film, écrit, produit et réalisé par Cédric Jimenez – un Marseillais qui a grandi précisément dans ces quartiers – s'inspire librement d'un scandale survenu en 2012, quand des policiers de la Brigade anti-criminalité (BAC) ont été accusés de trafic de stupéfiants et de racket. S'il a été tourné un peu à l'écart de la ville, le film raconte le quotidien de la cité de la Castellane. Le film est inspiré de faits réels, donc on ne peut pas nier qu'il s'agisse d'une réalité.

CEUX QUI ONT L'IMAGE D'UNE VILLE VIOLENTE ET DANGEREUSE N'ONT PAS LA BONNE IMAGE DE MARSEILLE.

Le trafic de drogues et les règlements de compte existent à Marseille, comme dans d'autres villes.

IL EST VRAI QUE LES MAUVAIS CÔTÉS DE MARSEILLE SONT SOUVENT RABÂCHÉS DANS LES MÉDIAS : LA VIOLENCE, LA MAFIA, LE TRAFIC, LA PEUR, LES AGRESSIONS... MARSEILLE EST CÉLÈBRE POUR SON BANDITISME. MAIS ON N'ATTEINT QUAND MÊME PAS LE DEGRÉ DES FAVELAS SUD-AMÉRICAINES.

–

Je veux défendre ma ville.

–

On est souvent pointés du doigt, mais Marseille est une ville merveilleuse. Je sais que cela peut faire peur d'entrer dans certains quartiers. J'y suis parfois allé et j'ai toujours été très bien accueilli.

Dans les quartiers Nord, il y a beaucoup de positif.

J'ai créé mon entreprise de CBD dans les quartiers Nord, rue Saint-Antoine. En 2018, j'ai lancé la marque Satyva, qui a contribué à faire connaître – et exploser – le marché du CBD en France. Je suis le premier à avoir eu le courage d'en faire la publicité. Avec mes associés on a commencé dans un petit co-working de Saint-Antoine, en zone franche.

À MARSEILLE, ON SE SERRE LES COUDES.

JE VOUDRAIS SURTOUT METTRE EN AVANT L'IMMENSE TRAVAIL DES MARSEILLAIS QUI SE REGROUPENT DANS DES ASSOCIATIONS POUR FAIRE AVANCER CES QUARTIERS, POUR DONNER UNE CHANCE À TOUS LES JEUNES QUI GRANDISSENT DANS UN UNIVERS COMPLIQUÉ, OU POUR REDONNER LE SOURIRE AUX ENFANTS MALADES.

N'AYEZ PAS PEUR DE DESCENDRE À MARSEILLE. LES RÈGLEMENTS DE COMPTE, C'EST UNE MINORITÉ. NOTRE VILLE EST COSMOPOLITE, C'EST NOTRE FIERTÉ.

J'ai envie de vous parler de tous ces beaux destins nés dans la misère.

La plupart des rappeurs Marseillais que le monde entier connaît aujourd'hui sont originaires des quartiers Nord de Marseille : Soprano, Alonzo, Soso Maness... **Leur réussite est un formidable espoir pour tous les jeunes des quartiers**, qui savent qu'une poignée d'entre eux pourront gravir l'échelle sociale en jouant de la musique. C'est un message fort. On peut y arriver sans trafiquer.

Idem pour Zinedine Zidane, l'idole de la France, né à la Castellane, le quartier du Nord de Marseille le plus éloigné du centre-ville, représenté dans le film *Bac Nord*.

À LA MANIÈRE DES JEUNES FRANCILIENS QUI RÊVENT DE DEVENIR MBAPPÉ, TOUS LES PETITS MARSEILLAIS QUI VOIENT LEURS PARENTS GALÉRER RÊVENT DE DEVENIR UN GRAND FOOTBALLEUR, COMME ZINEDINE ZIDANE, LE DIEU DE MARSEILLE.

Chapitre 14

Les petits plus

MARSEILLE EST UNE VILLE DE TRADITIONS, OÙ LES HABITUDES NE SE PERDENT PAS. LES ANCIENS COMMENCENT TOUJOURS LEUR JOURNÉE DE LA MÊME FAÇON : UN PETIT CAFÉ SUR LE VIEUX-PORT, EN LISANT LE JOURNAL DE LA VILLE, SOIT LA MARSEILLAISE, SOIT LA PROVENCE. C'EST LE RITUEL.

MARSEILLE, C'EST LA CULTURE, LA LITTÉRATURE, LES MUSÉES, LA MUSIQUE, LE SEMI-MARATHON DE MARSEILLE-CASSIS, LA JOURNÉE MONDIALE DU CERF-VOLANT, LES COURSES HIPPIQUES, LE MARCHÉ DE NOËL ET SES MILLIERS DE SANTONS.

Et bien sûr, le savon de Marseille : c'est l'un de nos symboles. Ce savon à base d'huiles végétales, fabriqué au chaudron, fait notre fierté. Sa formule a été écrite sous le règne de Louis XIV. Au XVIIe siècle, Colbert a interdit à tout fabriquant d'utiliser l'appellation « savon de Marseille » s'il n'était pas originaire de Provence, et s'il n'utilisait pas d'huile d'olive. Cependant, le « savon de Marseille » n'est pas, de nos jours, une appellation d'origine contrôlée, ce qui explique que de nombreuses contrefaçons existent partout dans le monde. Peu importe, grâce à tous nos Panoramix des savonneries de Marseille, nous sommes les seuls à détenir la véritable formule de ce produit miracle.

Ma mère a toujours utilisé le savon de Marseille, notamment pour nettoyer les traces de ketchup sur mes vêtements ! Elle répète constamment :

– Anthony, tu sais, il n'y a pas mieux que le savon de Marseille. Un peu d'eau, un peu de savon, tu frottes et la tâche disparaît.
–

DANS LA MAISON D'UN MARSEILLAIS, VOUS POURREZ TOUJOURS VOUS LAVER LES MAINS AVEC DU SAVON DE MARSEILLE.

J'EN GLISSE TOUJOURS UN PETIT FLACON À L'EXTÉRIEUR, AFIN QUE MES INVITÉS PUISSENT SE SAVONNER APRÈS UNE PARTIE DE PÉTANQUE. À CÔTÉ D'UN PUITS, D'UN POINT D'EAU, DE LA MACHINE À LAVER… C'EST AUSSI LE CADEAU IDÉAL À OFFRIR À VOTRE FAMILLE OU VOS AMIS APRÈS UN SÉJOUR À MARSEILLE. IL NE FAUT PAS OUBLIER QU'AVANT L'APPARITION DES GELS HYDROALCOOLIQUES, LES MÉDECINS UTILISAIENT LE SAVON DE MARSEILLE POUR SE NETTOYER LES MAINS ENTRE CHAQUE PATIENT. C'ÉTAIT PROBABLEMENT PLUS DOUX POUR LEUR PEAU…

Mon accent

ON NOUS APPELLE LES BEAUX-PARLEURS.

Être Marseillais, c'est aussi revendiquer avec fierté son accent. Pour rire, j'ai coutume de répondre aux touristes à qui je parle normalement que c'est eux qui ont un accent particulier. En France, chacun a son parler différent. Le nôtre vient de la langue provençale. Notre accent rime avec le soleil, la mer et le pastaga : il est chantant et sexy. Vous allez me répondre que je suis chauvin… mais en vrai, j'ai raison, non ?

L'ACCENT NE SE
COMMANDE PAS.
ON NAÎT AVEC.

QUAND JE PARLE, CHAQUE LETTRE COMPTE. UN ÉCOLIER MARSEILLAIS A BEAUCOUP MOINS DE RISQUES DE COMMETTRE DES FAUTES D'ORTHOGRAPHE QU'UN ENFANT PARISIEN, CAR IL PEUT LIRE LE MOT EN L'ÉCOUTANT. QUAND JE DIS « LE PAIN », JE DÉTACHE LE « I ».

Je ne vous raconte pas l'accent à couper au couteau de mes parents ! On parle souvent des « nouveaux riches », moi je vais vous parler des « nouveaux Marseillais ».

Fraîchement arrivés, certains nouveaux habitants perdent leur habitude de mâcher les mots, rêvent de parler comme nous et forcent leur accent, par souci d'imitation. Je les repère à trois kilomètres ! Même Emmanuel Macron, le président de la République, s'était amusé à accentuer le « in » de « ministre de l'Intérieur » lors d'un discours à Marseille, en 2021. **Cela prouve bien qu'on a le plus bel accent du monde.** Il faut dire aussi que le Président est un grand supporter de l'OM.

N'importe où en France, le Marseillais est aussitôt repéré grâce à son accent. D'ailleurs, je pense que cette particularité a fortement contribué au succès de l'émission sur W9. Avouez que j'ai raison : quand vous entendez notre accent, vous avez le sourire et vous avez envie de prendre l'apéro avec nous. **Notre accent met les gens à l'aise.**

Aucun Marseillais ne pourrait gommer son accent. C'est inné. Quand on parle, on ne ment pas.

Quand un Parisien tente de forcer un accent marseillais, je lui dis : tu es réné ! Cela signifie *has been*, dépassé, ou même abruti.

La pêche

À Marseille, plusieurs dizaines de pêcheurs partent en mer le matin, très tôt, afin de proposer aux Marseillais – particuliers et restaurateurs – de nombreux poissons et fruits de mer. **Dans la cité phocéenne, impossible d'avoir le moindre doute sur la provenance de la friture dans votre assiette.** Le poisson, on le pêche dans notre Méditerranée. Ainsi, n'importe quel Marseillais peut se rendre sur le Vieux-Port, le matin, pour acheter son poisson frais.

LES PÊCHEURS NAVIGUENT À BORD D'UNE VIEILLE BARQUE – ON LES APPELLE LES « BARQUETTES MARSEILLAISES » AVEC LEUR COMBINAISON, LEURS CANNES À PÊCHE, LEURS FILETS. MÊME SI LEUR ACTIVITÉ EST RUDE, ELLE LEUR OFFRE PARFOIS DES INSTANTS HORS DU TEMPS : RÉCEMMENT, UNE BANDE DE PÊCHEURS A EU L'IMMENSE SURPRISE DE VOIR PASSER UN BANC DE DAUPHINS !

La pêche est aussi un loisir pour de nombreux Marseillais, au même titre que la pétanque.

LES *poissons* LES PLUS PÊCHÉS À MARSEILLE

loup (bar), girelles, dorade royale, rascasse, Saint-Pierre...

LES MEILLEURS SPOTS SONT LE VALLON DES AUFFES, LE PORT DES GOUDES, LE FRIOUL... HYPERACTIF, JE SUIS INCAPABLE DE PATIENTER PLUSIEURS HEURES POUR SORTIR DES POISSONS, MAIS J'ADORE ACCOMPAGNER MES COLLÈGUES POUR LES VOIR PÊCHER, EN PRÉPARANT L'APÉRO SUR UN FOND DE MUSIQUE.

Le panier du touriste

VOUS ÊTES EN VACANCES À MARSEILLE ET CHERCHEZ DES IDÉES POUR OFFRIR DES CADEAUX AUX COLLÈGUES, À LA MAMMA ET AU PAPA ?

J'ai tout ce qu'il vous faut. Vous n'avez qu'à piocher dans cette liste… ou tout emporter si vous avez adopté le mode de vie marseillais pendant votre séjour !

- **Le guide que vous avez entre les mains**
- **Une bouteille d'huile d'olive**
- **Un savon de Marseille**
- **Un exemplaire du *Comte de Monte-Cristo* d'Alexandre Dumas**
- **Un maillot de l'OM**
- **Un poster du Stade Vélodrome et une photo de Boli**
- **Six boules de pétanque**
- **Une bouteille de pastis 51**
- **Une bouteille de Ricard**
- **Un paquet de navettes**

- **Du nougat**
- **Une statuette de la Bonne-Mère**
- **Le best-of des Marseillais de W9**
- **Un santon**
- **Une carte postale des Calanques**
- **Une photo de Fanny**
- **Une écharpe "À jamais les premiers"**
- **Une compil' de Soprano**
- **Le dernier disque de Jul'**
- **Le DVD du spectacle de Patrick Bosso**

L'hymne

À chaque match de l'équipe de France, je ne peux m'empêcher de ressentir une immense fierté : **l'hymne de notre pays s'appelle *La Marseillaise*!** Ça ne s'invente pas ! On ne dit pas la Parisienne, ni la Lyonnaise, ni la Bordelaise, mais bien la Marseillaise. Cela veut tout dire de l'importance de la cité phocéenne dans la France entière.

SAVEZ-VOUS POURQUOI L'HYMNE FRANÇAIS S'APPELLE LA MARSEILLAISE ?

Je vous raconte l'histoire en deux mots. Au dix-huitième siècle, un officier du génie français nommé Rouget de Lisle, passionné de musique, écrit un chant guerrier qu'il appelle *Le chant de guerre* pour l'armée du Rhin. Quelques mois plus tard, des militaires fédérés marseillais montent à Paris pour défendre la patrie, menacée par l'envahisseur. Sur leur chemin, ils entonnent le chant de Rouget de Lisle, qui devient ainsi *La marche des Marseillois*, puis *La Marseillaise*.

–

Il n'y a rien de plus beau que d'entendre La Marseillaise résonner au Stade Vélodrome.

–

AU PASSAGE, IL EST TRÈS COURANT DE VOIR LES BLEUS CHOISIR LE VÉL PLUTÔT QUE LE STADE DE FRANCE. LORS DE L'EURO 2016, C'EST DANS L'AMBIANCE INDESCRIPTIBLE DU VÉLODROME QUE LA FRANCE DE GRIEZMANN A RENVERSÉ L'ALLEMAGNE POUR SE QUALIFIER EN FINALE.

EN 1998, C'EST À MARSEILLE QUE LA FRANCE AVAIT DISPUTÉ LE MATCH D'OUVERTURE DE LA COUPE DU MONDE (3-0 CONTRE L'AFRIQUE DU SUD), SOUS LE MISTRAL.

Le Mistral

Marseille connaît le paradoxe d'être la ville du beau temps et des températures élevées, mais aussi celle du vent ! Le mistral est un vent froid et fort, souvent violent en hiver. Il sévit sur toute la côte méditerranéenne, mais ne nous empêche pas de vivre, ni de conserver le sourire. **Le mistral fait partie de notre identité, et les Marseillais n'ont jamais peur de s'envoler !**

QUAND ON ENTEND LE MOT MISTRAL, ON PENSE AUSSI AU MISTRAL GAGNANT, LA CONFISERIE PÉTILLANTE DE NOS PARENTS, POPULARISÉE POUR L'ÉTERNITÉ PAR LE CHANTEUR RENAUD.

Remerciements

Avant de refermer cet ouvrage, j'aimerais monter au sommet de Notre-Dame de la Garde et crier un immense « MERCI » à toutes les personnes suivantes :

Merci à mon père, Patrick Paggini, et ma mère, Marie-Madeleine Paggini.

À ma chérie, Giuseppa Ciurleo, et à ma fille, Giorgia Paggini.

À Banijay Production, tous mes copains des Marseillais, et aux chaînes W9 et M6.

Aux indispensables journaux de la ville : *La Provence* et *La Marseillaise.*

À Patrick Bosso, mon humoriste préféré, et toutes les autres légendes marseillaises qui ont accepté de témoigner dans ce livre : Pascal Olmeta, Bengous, Thibault Garcia.

À tous les supporters de l'OM, et tous les habitants de Marseille.

Aux musiciens Soprano et Jimmy Sax, avec qui j'ai eu l'honneur et le plaisir de jouer en studio.

À toute l'équipe de Talent Éditions qui a accompagné la création de ce livre.

À Thibaut Geffrotin, qui s'est glissé dans mon personnage, et à Erik Tartrais, qui l'a croqué avec talent.

À la ville de Peypin (13 124), la commune de mon enfance, celle qui m'a vu grandir.

À la boucherie « Les coquières ».

À mes collègues de Satyva, précurseur dans la vente de CBD.

Aux animateurs de Fun Radio.

À Nono et Karim du film Les Déguns 2.

À Universal et Capitol.

Aux calanques... parce qu'elles sont si belles !

Aux restaurateurs marseillais, qui nous régalent quotidiennement, et à toute la Provence en général.

Enfin, un immense merci à ma communauté, toutes ces personnes adorables qui me suivent au quotidien sur mes réseaux sociaux et à la télévision.

Aux Marseillais... et au pastaga !

Impression & brochage SEPEC - France
Numéro d'impression : 19387230303 - Dépôt légal : octobre 2023

IMPRIM'VERT®

PEFC **10-31-1470 / Certifié PEFC** / Ce produit est issu de forêts gérées durablement et de sources contrôlées. / pefc-france.org